Daivika

Verschmelzung im Klang der Stille

Metatron, Sananda, Lady Nada ...

Bitte fordern Sie unser kostenloses Verlagsverzeichnis an:

Smaragd Verlag
In der Steubach 1
57614 Woldert (Ww.)
Tel.: 02684-97848-10
Fax: 02684-97848-20
E-Mail: info@smaragd-verlag.de
www.smaragd-verlag.de

Oder besuchen Sie uns im Internet unter der obigen
Adresse.

© Smaragd Verlag, 57614 Woldert (Ww.)
Deutsche Erstausgabe: Januar 2012
© Cover: © na-n - Fotolia.com
© Benjamin Haas - Fotolia.com
Umschlaggestaltung: preData
Satz: preData
Printed in Czech Republic
ISBN 978-3-941363-55-7

Daivika

Verschmelzung im Klang der Stille

Metatron, Sananda, Lady Nada ...

Smaragd Verlag

Über die Autorin

Daivika wurde 1970 geboren und lebt gemeinsam mit ihrer Familie in der Nähe von Baden Baden.

Sie ist psychologische Beraterin, Heilmedium und Lehrerin für energetisches Heilen und gibt dieses Wissen in Workshops weiter. Ihre einzelnen Lehrpfade beschreibt sie selbst als Bruchstücke eines großen Puzzles, welches sie Stück für Stück in seiner Gesamtheit auf den Weg ihres Herzens zurückführte. Diesem Pfad möchte sie folgen, stets offen und weiterhin lernend, Schritt für Schritt in den Fußstapfen derer, die ihre innere Weisheit bewusst nach außen leben und mit ihrem Licht doch ganz unbewusst die Welt berühren.

Workshop-Programme und Termine können unter folgender eMail-Adresse angefordert werden.

www.daivika.de
daivika@t-online.de

Für Joe

Inhalt

Ke amar seoul …
und der Himmel lacht mit dir

Ist es nicht die Jagd nach dem ganz großen Glück, der absoluten Zufriedenheit und der bedingungslosen Liebe, die unsere Suche nach dem Sinn des Lebens immer wieder neu entfacht und uns antreibt, weiterzugehen, neue Wege zu erkunden, und die uns Mut gibt, manchmal selbst unbekannte Pfade zu betreten? Bei mir war und ist es auch heute noch so, doch kann ich jetzt über die vergangenen Erlebnisse oft von Herzen lachen. Deshalb reifte ganz langsam aber stetig die Idee in mir, einige meiner ganz persönlichen Erlebnisse aufzuschreiben.

Schon als Kind begann meine Suche, nachdem mein Vater mir das Geheimnis anvertraut hatte, am Ende des Regenbogens läge ein goldener Schatz. Viele Jahre später wurde mir schlagartig bewusst, dass ich diesen Weg nie wieder verlassen hatte. Die Geschenke, die ich bisher auf diesem Regenbogenweg einsammeln konnte, sind unendlich kostbar, auch wenn ich manche Strecke äußerst ernsthaft und verbissen, mitunter auch in meinen Tränen schwimmend, zurücklegte. Ich hoffe, allen Lesern, die sich gerade auf solch einer „Durststrecke" befinden, mit meinen persönlichen Anekdoten ein Lächeln ins Herz zu zaubern. Sicherlich wird sich der eine oder andere in meinen Geschichten wiedererkennen können, und wer weiß, vielleicht treffen wir uns irgendwann, öffnen unser Herz und „Ke amar seoul" … und der Himmel lacht mit uns!

Das Mantra „Ke amar seoul" vermag ein unerschöpfliches Gefühl von Freiheit und Leichtigkeit zu verbreiten und trägt in sich die Bedeutung: Sieh die Dinge aus Sicht deiner Seele.

Um uns diese leichte Sichtweise fühlen zu lassen und das beschwingte Gefühl von Freiheit zu verinnerlichen, werden im zweiten Teil himmlische Helfer durch ihre Liebe und Weisheit dazu beitragen, unsere Wege zu lichten und uns durch Texte und Meditationen darin unterstützen, die Grenzenlosigkeit unseres Seins zu erfahren.

Ich gehe ihn so lange weiter, meinen Regenbogenweg, Schritt für Schritt in den Fußstapfen meiner großen Lehrer und Meister, und doch verbunden mit dem Herzenswunsch, meine ganz eigenen Abdrücke zu hinterlassen.

Daivika

Wie alles begann

*„Jeder 1000-Meilen-Marsch beginnt mit einem
ersten Schritt"*

Lao-tse

Wie so viele „normale Menschen" gegen Ende 20 wurde auch ich mir durchaus meines unbewussten Lebens bewusst: Ich fing immer mehr an, Dinge zu hinterfragen, und machte mich allgemein auf die Suche. Vorrangiges Ziel war, meine innere Unzufriedenheit endlich loszuwerden, um wieder „glücklich, unbeschwert und frei" den Alltag genießen zu können. So setzte ich meinen ersten Schritt und beschloss kurzerhand und sehr spontan, psychologische Beraterin zu werden.

Schon zwei Wochen später fand ich mich halb verzweifelt inmitten eines Bergs von Hausaufgaben, die so mit Fremdwörtern durchsetzt waren, dass ich mir die Aufgabenstellungen erst einmal nach und nach übersetzen musste. Aber aufgeben? Nein, das hätte für den Rest meines Daseins ein Lächeln auf die Gesichter meiner Mitmenschen gezaubert, und ich hätte meiner so gut bekannten Unzufriedenheit wieder Hallo sagen können. Also fing ich an, zu lernen, setzte mich mit den Philosophen dieser Welt auseinander und war hammermäßig stolz, als ich meine erste Klausur mit „sehr gut" versehen zurückbekam. Ich entdeckte eine unheimliche Freude daran, wieder zu lernen, und so schaffte ich es, mich durch die Kurse zu boxen. Mithilfe meiner mühsam erlernten Theorie spürte ich immer mehr Situationen auf, das neue Wissen in meinem Alltag einzusetzen … sehr zum Erstaunen meiner Mitmenschen!

Kurz darauf fiel dann die allgemeine Familienentscheidung, dass die Mitglieder innerhalb unserer „vier Wände" keine psychologischen Versuchstiere wären, und man entzog mir sozusagen meine familiäre Lizenz zum Heilen. Jetzt war ich praktisch gezwungen, die Welt zu retten … und so machte ich mich auf zum fünftägigen Praxisseminar, wo man mir gezielt beibringen würde, die Theorie in der Praxis anzuwenden.

Nach cirka 400 Kilometern und etlichen kleinen Umwegen, weil mein Orientierungsvermögen nicht wirklich ausgeprägt ist, kam ich am Seminarort an, dort, wo sich noch nicht einmal Fuchs und Hase Gutenacht sagen, weil dort einfach nichts war und wahrscheinlich bis heute nichts ist, außer einem Seminarhaus mit angrenzender Schlafunterkunft. Ich mobilisierte mich selbst durch mein theoretisch antrainiertes positives Denken, was mir zunehmend schwerer fiel, und mein Missbehagen loderte immer mehr auf, als ich feststellte, dass in meinem Zimmer die Heizung nicht funktionierte. Trotzdem guter Dinge, beschwingt und in freudiger Erwartung, lief ich zum Seminarhaus.

Nach der ersten Vorstellungsrunde und einigen Lockerungsübungen begann sich ganz langsam in meinem Kopf die Idee zu manifestieren, dass unter den Anwesenden wirklich eine große Anzahl der Teilnehmer therapeutische Hilfe bedürfte, aber waren nicht sie es, die wie ich schon kurz vor Abschluss dieses Kurses standen? Doch! Und in jedem/jeder meiner Kollegen/Kolleginnen fand ich meinen eigenen Spiegel wieder, der mir innerhalb dieser Tage zeigte, auch ich musste dringend therapiert werden. Zum ersten Mal in meinem Leben durfte ich erfahren, dass eine Gruppe völlig fremder Menschen innerhalb einer so kurzen Dauer zusammenwachsen kann, als hätte es nie ein „Ich", sondern immer schon ein „Wir" gegeben.

Wir halfen uns gegenseitig, unterstützten uns im Erlernen der systhematischen Therapieformen, arbeiteten Kindheitstraumen auf (auch solche, von denen wir bislang noch gar nichts wussten), und mit allen guten Vorsätzen und voller Euphorie waren wir schon am vorletzten Kurstag angekommen, in Gedanken schon beim Abendessen, als uns unser Mentor ganz lapidar und mehr witzig denn ernst folgenden Abschlusssatz mit auf den Weg gab:
„Ich hatte ganz vergessen zu erwähnen, damit ihr das Diplom in seiner Ganzheit erreichen könnt, muss jeder von euch morgen Vormittag eine kurze, sagen wir, mündliche Prüfung ablegen, die aus einem erarbeiteten Kurzvortrag mit einer anschließenden Fragerunde besteht. Also nichts Spektakuläres, aber macht euch bitte Gedanken."

Hierauf folgte Stille – absolute Stille – und es wurde auch an diesem Abend gar nicht mehr laut (im Gegensatz zu den vorhergehenden Abenden, denn einige hatten es geschafft, eine Tankstelle in der Nähe auszumachen, die sogar Alkohol verkaufte). Auch ich zog es vor, mich in mein kleines Zimmer zurückzuziehen, und selbst wenn ich mich anfänglich in mein Selbstmitleid verkriechen wollte, nachts um 4.00 Uhr hatte ich den Vortrag auf meinem Block, nur war ich leider zu aufgeregt, um einschlafen zu können. Aber was soll's, bald würde ich ja wieder zu Hause sein und mich von meiner Exkursion erholen können. Mit zitternden Händen, pochendem Herzen und einer tief sitzenden Prüfungsangst betrat ich am nächsten Morgen den Seminarraum.

Ich kam gleich am Anfang dran, rasselte meinen Vortrag herunter und wartete mit immer stärkerem Herzklopfen, welche Fragen mein Lehrer oder meine Kommilitonen an mich herangetragen würden. Ich zuckte regelrecht zusammen, als ich eine Stimme vernehmen konnte, wenn mir auch mein Verstand gleichzeitig signalisierte: Nein, das kannst du nicht richtig wahrgenommen haben, als einer der Kursteilnehmer mir die Frage stellte: „Warum ist deine Hose längs- und dein T-Shirt quergestreift?"

Meine Antwort war: „Ich träumte, ich wäre ein Streifenhörnchen." Jetzt war der Zeitpunkt gekommen: Ich musste so lachen, dass ich alle damit ansteckte, und die restliche Prüfungszeit war ein Klacks, denn was konnte mir schon noch passieren. Mit dem Diplom in der Tasche trat ich selbstsicher meinen Nachhauseweg an, und kurze Zeit

später beendete ich dieses Kapitel mit meiner Abschluss-
arbeit.

Und nun? Ich war um etliche Erfahrungen reicher,
stolz, glücklich – aber zufrieden? Wirklich vom Grunde
meines Herzens zufrieden? Nein, das war ich nicht. Also
entschloss ich mich, weiterzuziehen, denn wenn sich die
Erfüllung in der Psyche nicht finden ließe, dann eventuell
in der Verbindung zwischen Körper, Geist und Seele?

Reiki

Ein Rad?
Dreißig Speichen um eine Nabe!
Und doch macht die leere Nabe es nützlich.
Eine Schüssel?
Ton, der auf einer Töpferscheibe gedreht wurde!
Und doch macht die innere Leere sie nützlich.
Ein Haus?
Wände, die durch Türen und Fenster
unterbrochen werden!
Und doch macht der leere Raum es nützlich.
Darum bediene dich dessen, was ist;
Erkenne den Nutzen in dem, was nicht ist.

Lao-tse

Kurz bevor ich mit meinem Mann und meinem Sohn in den heißersehnten Urlaub flog, ließ ich mich von einer wundervollen Reiki-Lehrerin „Gerda" in den ersten Grad nach Dr. Mikao Usui einweihen. Endlich hatte ich den für mich so wichtigen Beweis gefunden und auch erlebt, dass es mehr gibt zwischen Himmel und Erde, als ich mit meinen Augen sehen konnte. Täglich, auch im Urlaub, machte ich meine Übungen und wollte unbedingt meine Familie an diesem neu gefundenen Glück teilhaben lassen. Fazit: Mein Sohn schlief nach zwei Behandlungsminuten ein, und mein Mann gab mir lächelnd das Statement mit auf den Weg: „Ja, deine Hände waren sehr warm, aber draußen sind es auch 35 Grad." Doch nichts konnte meine Freude trüben, ich heilte mich weiter und freute mich schon auf die Nachbesprechung mit meiner trotz der kurzen Zeit schon sehr lieb gewonnenen Lehrerin.

Gerda erkundigte sich, ob während der vergangenen drei Wochen Fragen aufgetaucht wären, aber ich wusste nicht eine einzige zu stellen, es kam mir vor, als hätte ich mein ganzes Leben nichts anderes gemacht, als Hände aufzulegen; es war ein Gefühl, als wäre ich nach langer langer Zeit endlich nach Hause gekommen. Und so stellte ich ihr nur kurz die Frage, warum sie kein Fleisch äße. Die Antwort hierauf werde ich nie vergessen.

Sie schaute mir direkt in die Augen und gab mir die folgenden Worte mit auf den Weg: „Kein Tier muss sein Leben lassen, nur damit ich satt werde." Dieser eine Satz traf mich bis in die Tiefe meiner Seele, liebe ich doch Tiere über alle Maßen. Noch auf dem Heimweg fällte ich den Entschluss, nie wieder in meinem Leben tierische Nahrung zu mir zu nehmen, und so bin ich seit diesem Tag aus tiefster Überzeugung Vegetarier. Isaac Bashevis Singer hat Vegetarismus mit äußerst treffenden Worten beschrieben:

„Ich würde fortfahren, vegetarisch zu leben, selbst wenn die ganze Welt damit begänne, Fleisch zu essen.
Das ist mein Protest gegen den Zustand der Welt.
Atomkraft, Hungersnöte Grausamkeit – wir müssen Schritte dagegen unternehmen.

Vegetarismus ist ein Schritt. Und ich glaube, es ist ein sehr wichtiger ..."

Isaac Bashevis Singer
(Literaturnobelpreisträger)

So muss jeder seine eigene Entscheidung treffen, was für ihn richtig ist oder nicht. Ich jedenfalls bin dankbar darüber, dass ich durch diesen weisen Satz meiner Lehrerin meine ganz eigene Wahrheit erkennen durfte. Das erste Samenkorn einer gesünderen Lebensweise und eines neuen Bewusstseins in mir war gepflanzt.

Einige Monate später war der Wunsch, diesen Weg weiterzugehen, so stark geworden, dass ich Gerda anrief und mir einen Termin sicherte, da ich so bald wie möglich in Reiki II initiiert werden wollte.

Der Kurstag rückte näher, und der Pegel meiner inneren Erwartung stieg schon vorher ins Unermessliche. Ich hatte keinen blassen Schimmer davon, was mich erwarten würde, und war etwas erstaunt, als Gerda sich mit mir an einen hohen Esstisch setzte, auf dem sie vorher schon Papier und Malstifte deponiert hatte. In den darauffolgenden Stunden durfte ich lernen, wie die Reiki-Zeichen gemalt werden, welche passenden Gebetstexte zu jeder Linie zu sprechen und wie sie in der Folgezeit zunächst einmal an mir und durch mich anzuwenden sind. Auf das Wissen über Reiki selbst möchte ich hier gar nicht näher eingehen, es gibt viele wunderschöne Bücher über diese alte Heilkunst, mittlerweile auch solche, in denen die „geheimen" Heilzeichen sogar veröffentlicht werden. Nur so viel sei gesagt: Auf jede Einweihung folgt eine 21-tägige Reinigungsphase, in der sich dein Sein nach und nach der erhöhten Energieschwingung anpasst. In Reiki I war diese Phase rein körperlich, im Anschluss an die zweite Initiation ging es darum, alles, was mich im Außen irritierte, verunsicherte oder gar verletzte, zu mir zurückzuspiegeln und mich damit auseinanderzusetzen, die sogenannte „Schattenkonfrontation".

Schon am zweiten Tag kam mir der Gedanke, dass ich mir durch den Aufenthalt auf einer einsamen Insel nach Ablauf der Reinigungsphase vielleicht ein normales Leben bewahren könnte. Aber wer kann schon einfach aus einem System ausbrechen, und mir war klar: „Aufgeschoben ist nicht aufgehoben". Und so ließ ich mich darauf ein, und meine Freunde wie auch meine Familie spiegelten mir Stunde für Stunde mein eigenes Ich wider, natürlich nur die Seiten an mir, die mich sofort in Resonanz damit setzten, was ich aufzuarbeiten hatte. Ich war so sehr mit der Aufarbeitung beschäftigt und entdeckte immer mehr dunkle Stellen in mir, dass aus den 21 Tagen mehr als ein Jahr wurde, bis ich wirklich in freiem Fluss das Licht wieder in mir spüren konnte. Dieses himmlische Gefühl zurückzuhaben gab mir unendlichen Frieden, und ich war der absoluten Überzeugung, nach meinem „Tiefgang" wieder auf dem richtigen Weg zu sein und bereit dafür, die Reiki-Meisterschaft anzutreten.

Reiki-Meister bedeutet eigentlich nicht mehr und nicht weniger, als Meister seines eigenen Lebens zu sein. Auf den Punkt gebracht: Ich war mir damals durchaus dessen bewusst, dass ich in meiner Entwicklung ziemlich weit davon entfernt war, mich als Meisterin meines Lebens zu sehen, und um diesen Titel zu umgehen und meinen Weg zu beschleunigen, beschloss ich, Reiki-Lehrerin zu werden. Das hörte sich für mich sehr stimmig an, und aus dem heiligen Gefühl, das ich nach der Meistereinweihung hatte, nutzte ich die Energie, ließ mich ausbilden und gründete meine Reiki-Schule. Und alles war gut – zumindest für den Augenblick!

Bereit sein ist viel, warten können ist mehr,
doch erst den rechten Augenblick nutzen, ist alles.

Arthur Schnitzler

Zwei, drei Jahre lang lief alles toll. Ich durfte in dieser Zeit wundervolle Menschen kennenlernen, die auch heute noch einen großen und wichtigen Platz in meinem Herzen einnehmen. Vielen Tieren und Menschen konnte ich das Geschenk der Heilung übermitteln, doch leider in den meisten Fällen immer nur für den Moment. So fing ich an zu zweifeln und zu hinterfragen, doch kurz bevor ich wieder in meinem so lange durchschrittenen Tal der Tränen landen würde, zog ich die Reißleine. Neurolinguistisches Programmieren, Hypnotherapie, Chakrenlehre, systematische Aufstellungsarbeit – ich durchlief das ganze Programm, lernte und lernte, mit dem Ergebnis, dass ich das Gefühl nicht loswurde, all das wäre nur ein kleiner Teil von etwas ganz Großem. Und wieder fühlte ich diese scheinbar endlose Leere in mir. Die Leine riss, und ich erlebte eine sehr unsanfte Landung, und zwar genau dort, wo ich nicht hin wollte: wieder ganz unten.

Drama mit erheiterndem Handlungsablauf

Wir sind alle Schauspieler auf dieser großen Bühne,
die sich Erde nennt.

William Shakespeare

Ein sehr explosiver Akt in meinem Leben und in meiner Ehe war der von mir spontan gefasste Entschluss, unser neu gebautes, frisch bezogenes Einfamilienhaus ausräuchern zu lassen, um es von negativen Energien zu befreien. Natürlich hatte ich keinerlei Erfahrung mit dem Ausräuchern von Häusern, und auch die Bitte, es würden noch einige helfende Hände gebraucht, machte mich keineswegs skeptisch. Ich sehnte den Tag herbei in der Hoffnung, unser Haus würde im Licht erstrahlen, überredete meinen wenig begeisterten Mann, doch auch seine zwei Hände helfend einzubringen, und lud meine Freundin noch ein, uns zu unterstützen. Der Tag kam, alle benötigten Utensilien wie Vogelsand, Räuchertabletten, Geschirrtücher hatte ich bereitgelegt, nur die Dame kam erst einmal eine Stunde zu spät.

Aber die Zeit holte sie wieder auf. Sie übernahm die Führung, ließ uns alle Fenster verschließen, die Schränke und jede Schublade öffnen, verteilte die anstehenden Aufgaben und brachte die Kohletabletten in unserer neuen Küche auf dem super sauberen und kratzerfreien E-

Herd zum Glühen, um sie dann auf unseren mittlerweile mit Vogelsand aufgefüllten Suppen- und Esstellern zu verteilen. Sie erwähnte kurz, dass nun alles sehr zügig ablaufen sollte und in jedes Zimmer (Keller und Dachgeschoss natürlich auch) mindestens ein Teller in die Mitte des Raums gestellt werden müsse. Sie selbst füllte die glühenden Kohletabletten mit schwarzem Weihrauch auf, und ganz nebenbei drückte sie uns meine Geschirrtücher in die Hand mit der Bemerkung: „Bindet euch das um euer Gesicht, damit ihr die Dämpfe nicht die ganze Zeit über einatmen müsst."

Den Blick nach unten gerichtet, um den ständig auf mich gerichteten Augen meines Mannes zu entgehen, band auch ich mir ein Geschirrtuch um, und wie Bankräuber auf der Flucht verteilten wir unser Essgeschirr im ganzen Haus. Schon nach zehn Minuten fühlte ich mich wie in einem Sandsturm mitten in der Wüste – die Augen brannten, es war heiß, und ich war mir nicht sicher, ob ich den Tag danach wirklich erleben wollte. Doch was sollte ich tun, die Frau rausschmeißen und das Szenario beenden? Dazu fehlte mir der Mut, außerdem kostete sie 80,00 Euro in der Stunde, und jetzt wollte ich es auch zu Ende bringen.

Also weiter, nun mussten wir Weihrauch in die noch glühenden Kohletabletten nachlegen, und es fiel mir zunehmend schwerer, den nächsten Arbeitsschritt abzuwarten, denn wir konnten unsere Hände nicht mehr vor den

Augen sehen, und nach „Blinde-Kuh-spielen" war mir wirklich nicht mehr zumute. Unser aufgesetztes Lachen wirkte mit der Zeit relativ hysterisch, doch der nächste Schritt bestand darin, ziemlich zeitgleich alle Türen und Fenster sperrangelweit zu öffnen, damit der Rauch und die darin verhafteten negativen Energien abziehen konnten. Als Witz und vielleicht um die offensichtlich angespannte Situation etwas aufzuheitern, erzählte sie uns, dass in der zurückliegenden Woche tatsächlich ein Nachbar die Feuerwehr gerufen hätte. Ich fing an, innerlich zu beten, vor allem um einen gesunden und tiefen Schlaf aller meiner Nachbarn, leben wir doch inmitten eines Wohngebiets. Meine Hilflosigkeit und meine Bitten wurden wohl in den Gebeten erhört, niemand rief die Feuerwehr, und das Drama begann, sich dem Ende zuzuneigen.

Das ganze Schauspiel dauerte fünf Stunden, aber die Dame war sehr großzügig und wollte nur 250,00 Euro für ihre Arbeit haben. Jeden Preis hätte ich gezahlt, Hauptsache sie verließ so schnell wie möglich unser Haus. In einem Atomkraftwerk kann die Spannung kaum größer sein als die Energie, die sich in diesen Stunden zwischen meinem Mann und mir hatte aufbauen können. Meine Freundin machte sich auch gleich auf den Heimweg, und mein Mann öffnete wortlos eine Flasche Rotwein, setzte sich mitten im Winter auf die Terrasse, und es schien, als hätten mit den Schauspielern dieses Dramas auch die Worte unser Haus verlassen. Ganz still schloss ich alle unsere Schubladen und Schränke und wollte mich klammheimlich einfach ins

Bett verziehen. Meinen Sohn hatte ich ganz vergessen, der kam freudestrahlend und nichtsahnend von einer Party in unserem immer noch nebeldurchfluteten Zuhause an, und es schien ihm doch außergewöhnlich, dass nachts um 1:00 Uhr alle Fenster weit geöffnet waren. Schon nach fünf Minuten ließ er seinem Unmut freien Lauf und verkündete, in diesem Gestank seines Zimmers unmöglich schlafen zu können, er würde sich eine Matratze in den Keller legen. Ich holte mir auch ein Glas Wein, trank mit einem Schluck fast das ganze Glas aus und erklärte ihm mit Tränen in den Augen, dass es keinen Unterschied machen würde, wo er schliefe. Wortlos saßen wir alle drei auf der Terrasse, und genauso still gingen wir irgendwann nacheinander alle ins Bett.

Der Tag danach

Ich war mir nicht ganz sicher, ob ich überhaupt aufstehen wollte, eine Möglichkeit wäre sicherlich gewesen, den Tag mit Kopfschmerzen im Bett zu verbringen, doch ich glaubte, das sei keine Lösung und stellte mich der Situation. Alle meine Kraft gebündelt, entschied ich mich, unter die Dusche zu springen und wollte nur kurz frische Kleider mitnehmen; ich öffnete den Schrank, und der beißende Weihrauchgeruch, der mir gleich in die Nase zog, war wie ein Blick durch die Glaskugel, die mir genau aufzeigte, wie der heutige Tag aussehen würde. Waschen, Putzen und Duftsteine, -sprays und sonstige Weihrauchgeruchskiller beschaffen.

In einem täuschte ich mich: Es war nicht ausschließlich dieser eine Tag, der mit Waschen und Putzen ausgefüllt wurde, es waren die darauffolgenden Wochen.

Meine Freundin und ich versprachen uns, nie irgendeinem Menschen von diesem Erlebnis zu berichten. Mein Mann jedoch erzählte es einigen unserer Freunde, und je öfter ich die Geschichte hörte, desto mehr begann ich selbst darüber zu lachen. Schon kurze Zeit später hakten wir diesen Tag ab, und ich versprach, nie nie wieder jemanden damit zu beauftragen unser Haus zu räuchern, und bis heute ist es eine Geschichte, an der wir alle so gewachsen sind, dass wir von Herzen darüber lachen können.

Doch auch wenn ich es nie wieder tun würde, eines muss ich zugeben: Seit diesem Tag verbringen unsere Katzen viel mehr Zeit bei uns im Haus, und wer weiß, vielleicht wäre eine abgemilderte Version dessen, was wir erlebt haben, gar keine so üble Wahl.

Neue Ufer in Sicht?

Eine schmerzliche Wahrheit ist besser als eine Lüge.

Thomas Mann

Mit frischer Energie hake ich Vergangenes unter „Meilensteine meines Lebens, hin zu neuen Ufern" ab und stelle mich bewusst wem? Natürlich mir selbst. Mal wieder! Und wo bin ich? Richtig, unten am Berg, und ich weiß ganz genau, dass ich mich vor meinem nächsten Aufstieg von einigen Dingen endgültig verabschieden muss. Denn eines durfte ich in den letzten Jahren schmerzlich lernen: Wirklich heilen kann nur der, der selbst heil ist!

So stellte ich mich der Realität und meiner so mühsam aufrechterhaltenen und immer wieder verteidigten Strategie, dass Rauchen so schlimm gar nicht wäre; außerdem gibt es viel schlimmere Dinge als Rauchen, und mit denen hatte ich mich ja bereits schon in aller Ruhe auseinandergesetzt. Wahrscheinlich würden mir auf Anhieb seitenlange Erklärungen einfallen, doch ich ließ mein Kartenhaus in sich zusammenfallen, bat alle Engel um Hilfe und durfte fühlen, wie es ist, wenn die Sehnsucht die Sucht sucht. Die körperliche Nikotinsucht an sich spürte ich kaum, und die Gewohnheit ersetzte ich durch Lutscher. Das brachte mir innerhalb kürzester Zeit fünf Kilo mehr und zusätzlich die Bekanntschaft des Tankstellenpächters ein, denn es schien ihm außergewöhnlich, dass eine damals 37-jährige

Frau fast täglich und vor allem zu ungewöhnlichen Zeiten Lutscher bei ihm einkaufte.

Auch wenn mich viele davor warnten: Nein, ich wurde nicht lutscherabhängig. Und mit jedem nikotinfreien Tag wuchs mein Vertrauen, dass ich meine Magenkrämpfe, die bekannte Leere in mir und alles, was damit zusammenhing, in den Griff bekommen würde. Meine Freundin verordnete mir Sport, und bis heute, wenn es unser Zeitplan zulässt, gehen wir einmal die Woche walken, auch wenn viele ihre Meinung dahingehend äußern, dass es eher danach ausschaut, als würden wir spaßig plaudernd durch die Natur laufen.

Daraufhin folgte noch einmal eine sehr bewegende Zeit, musste ich doch lernen, mich meinen Gefühlen zu stellen. Der Verdrängungsmechanismus mit der Zigarette funktionierte nicht mehr, und meine Emotionen konnten mir sehr gut aufzeigen, welche Themen ich noch abschließen durfte. All das konnte jedoch mein neu gewonnenes Selbstbewusstsein, den Stolz und die daraus erwachsende Selbstliebe nicht mehr erschüttern. Ich fühlte mich wie neugeboren, und man konnte den Eindruck gewinnen, ich hätte den Sprung in ein neues Leben geschafft. Und so war es: Mit frischem Wind in den Segeln, ohne den Ballast aus Abhängigkeit und vergangenen Zeiten, machte ich mich zum x-ten Mal von ganz weit unten auf, bereit, den Aufstieg anzugehen.

Wenn der Körper die Erde wärmt

Welch eine himmlische Empfindung ist es,
seinem Herzen zu folgen.

Johann Wolfgang von Goethe

Seit meiner Kindheit faszinieren mich Menschen, die aus unserem materiellen Leben ausgestiegen sind, ihre Zeit vorrangig mit sich selbst verbringen und jeden Tag aufs Neue mit ihrem Körper die Erde wärmen. Sicherlich verfallen einige auf diesem Weg dem Alkohol oder kommen erst durch die Sucht oder andere widrige Umstände dazu, auf der Straße zu leben. Sicherlich sitzen nicht alle reinen Herzens auf dem Boden und betteln ausschließlich für ihre nächste Mahlzeit, doch tauschen wollte ich auch mit ihnen nicht. Aber eines habe ich noch nie gesehen: einen Landstreicher, der seinen Hund nicht besser behandeln würde wie sein eigenes Leben. Und diese Liebe ist es, die all die anderen Ausnahmen für mich scheinbar unsichtbar werden lässt, und so ziehe ich auch heute meinen Hut und verneige mich ganz tief vor all jenen, die den Mut aufbringen, bewusst aus unserem sozialen Netz auszusteigen. Die Schicksale, die dahinterliegen, oder die Gründe für einen solchen Ausstieg, und überhaupt das Leben auf der Straße, müssten bestimmt ein Fundament an Geschichten bieten, die das Herz aller Menschen erreichen und die dem Wort Solidarität sicherlich mehr Wärme verleihen würden. Wahrscheinlich könnten wir mehr von diesen Menschen lernen als von jenen, die uns, mit Professor- und/oder Doktortitel ausgestattet, die Weisheiten des Lebens lehren.

Ich entschied mich, meinem Herzen zu folgen, schloss meine Reiki-Schule (was ich innerlich schon einige Zeit vorher getan hatte, und ganz abgesehen davon, blieben die potentiellen Schüler aus) und beschloss, einen Teil meiner freien Zeit mit eben genau diesen Menschen zu verbringen, ihre Geschichten aufzuschreiben, um allen anderen zu zeigen, dass gerade eine solche Lebensweise mitunter sehr viel Mut und innere Größe erfordert.

Ich zog los, führte immer mal wieder kürzere, weniger inspirierende Gespräche und traf schließlich auf Joe. Ich habe ihm versichert, irgendwann mein Bestes zu geben, dass seine Geschichte veröffentlicht wird, doch dann kam alles anders, und wieder folgte ich meinem Herzen, jedoch in eine mir bis dahin sehr unbekannte Richtung. Aber um mein Versprechen einzuhalten, möchte ich sie euch erzählen, die Lebensgeschichte von Joe, die gerade, weil sie an sich so unspektakulär ist, mich bis heute in meinen Gedanken begleitet, deren Inhalt mich Demut lehrte und die aufzeigt, dass ein Engel auf Erden manchmal einfach mit seinem Hund auf einer Decke am Straßenrand sitzt.

Interview mit einem Engel

Menschen zu finden, die mit uns fühlen und empfinden,
ist wohl das schönste Glück auf Erden.

(Carl Spitteler)

Es war an einem wunderschönen sonnigen Tag im Mai, als ich mich entschloss, zu Fuß in die Stadt zu laufen, um die letzten Besorgungen für das kommende Wochenende zu erledigen. Kaum in der Fußgängerzone angekommen, konnte ich ihn schon sehen – und in diesem Augenblick wusste ich: Hier sitzt das perfekte Gedankengut für die erste Geschichte meines Buches. Joe saß lesend auf seiner Decke, den rechten Arm beschützend auf einer ziemlich großen braunen Hündin, und in der linken Hand kein geringeres Werk als Friedrich Schillers „Kabale und Liebe". Um die beiden herum befand sich außer schon einer in die Jahre gekommene Gitarre das ganze Sammelsurium dessen, was man wohl so braucht, um auf der Straße zu überleben, und vor allem natürlich ein riesengroßer Schlapphut, der gerne gefüllt werden wollte.

Ich kramte in meiner Tasche nach Kleingeld, ging mehr oder weniger vor dem Schlapphut in die Knie, und während ich die Münzen hineinwarf, schaute ich dem Mann in die Augen, und lächelnd meinte er: „Danke, mein Kind, möge Gott dich schützen und die Sonne deinen Weg begleiten." Stille! Die Güte, die durch seine Augen und seine Worte in mein Herz drang, machte mich sprachlos. Es fühlte sich an, als hätte jemand die Zeit angehalten, und wie aus der Ferne hörte ich irgendwann meine eigene Stimme: „Darf ich mich zu Ihnen setzen"? Jetzt war er irritiert, und nicht nur er! Joe schaute mich an mit meiner weißen Leinenhose, rückte großzügig zur Seite und überließ mir seinen Platz auf der Decke.

Die Passanten schien dieses Schauspiel auf jeden Fall zu faszinieren, das Szenario an sich schien einer Zirkusvorstellung zu gleichen. Synthja (Joes Hündin) blieb völlig unbeeindruckt und legte mir zur Begrüßung ihre sabbernde Hundeschnauze mitten auf die weiße Leinenhose. Sie schien meine Katzen zu riechen, und dem Geruch folgend schnüffelte sich ihre Nase in aller Ruhe an meinen Hosenbeinen entlang. Ich dachte: In Ordnung, wenn ich noch zehn Minuten hier sitze, sehe ich aus, als ob ich schon immer dazugehöre, und musste erst einmal über mich selbst lachen. Joe stieg in mein Lachen ein, und das Eis zwischen uns war gebrochen, er reichte mir lächelnd die Hand, stellte seine Hündin vor und verriet mir dann seinen Namen.

Um die riesengroßen Fragezeichen in seinen Augen zu verkleinern, erklärte ich ihm meine Idee und den Leitfaden von „Wenn der Körper die Erde wärmt". Dass ich ihn gedanklich schon in die Rolle des Hauptdarstellers gesetzt hatte, verschwieg ich. Meine erste Frage noch nicht ausgesprochen, fragte Joe mich, was ich mit der Veröffentlichung solcher Geschichten glaubte erreichen zu können. Ich holte tief Luft und gab ganz ehrlich zu: „Ich weiß es nicht, aber vielleicht erreicht es das Herz der Menschen, und Mitgefühl, Liebe und Einsicht sind starke Gegenmittel für festgefahrene Denkstrukturen." Er lächelte schon wieder und meinte: „Eine Pionierin für den Weltfrieden also?"

Ich kam mir vor wie in der Schule, und außerdem hatte ich irgendwie das Gefühl, dass Joe die Rollen getauscht hatte und er jetzt mir Fragen stellte. Doch dann begann er, mir aus seiner Vergangenheit zu erzählen, wobei seine Biografie allerdings wenig mit dem Drama zu tun hatte, das bereits in meinem Kopf ablief.

„Ich bin mir nicht sicher, ob meine Geschichte wirklich die richtige ist, um, wie du sagst, die Herzen der Menschen zu erreichen, denn keine Tragödie in meinem Leben war die Ursache dafür, dass ich auf der Straße lebe. Meine Eltern liebten meine Geschwister und mich, wie es ganz gewöhnliche Väter und Mütter eben so tun, alles war in Ordnung, und unser Zuhause bot uns den Rahmen dafür, dass wir liebevoll aufwachsen und uns entwickeln konnten. Aber irgendwie kam ich nie richtig Zuhause an, ich träumte mich in meine eigene Welt und verlor mich mit zunehmendem Alter immer mehr in meiner Melancholic. Nur die Musik schaffte es, mich für kurze Momente aus dieser nicht existenten Welt herauszulocken. Ganz bewusst und vor allen Dingen aus Lustlosigkeit brach ich die Schule ab und verbrachte immer mehr Zeit mit meiner Gitarre auf der

Straße. Zum ersten Mal fühlte ich, wie es ist, mich selbst zu leben, niemand übernahm die Führung und sagte mir, wo ich langzugehen hätte. Es war so unendlich schön, einfach ich selbst sein zu können, ich ganz alleine und meine Musik. Mit der Zeit lernte ich viele Menschen kennen, die mir gleich waren, und so durfte ich erfahren, was es heißt, gemeinsam in der Einsamkeit zu leben. Ich spielte meine Songs in Fußgängerzonen, tingelte von Stadt zu Stadt und entdeckte mehr durch Zufall die Freude an Büchern. Heute weiß ich, dass wir alle, die wir auf der Straße leben, vielen anderen etwas voraus haben: Wir leben im Augenblick. Das Gestern war nie wirklich so spektakulär, als dass es in die Gegenwart einfließen würde, und die Angst vor dem Morgen verweigert uns die innerliche Vorausschau auf das, was noch kommen wird. So wird das Leben selbst dein Lehrer, und genauso wurden es die kleinen Momente, die mich glücklich machten, oft ist es nur ein kleines Kind, wenn es lachend zur Musik klatscht. Lucius Annaeus Seneca beschreibt mein Leben eigentlich in einem kurzen Satz: „Wenn wir nicht wissen, welchen Hafen wir ansteuern sollen, ist kein Wind günstig."

Vielleicht habe ich es einfach nur verpasst, etwas Großartiges aus meinem Leben zu machen, oder vergessen, rechtzeitig einen Ausweg zu finden, doch ich weiß nicht, ob ich auf anderen Wegen diesen Frieden gefunden hätte. Frieden mit mir selbst, so zu sein, wie ich glaube, sein zu wollen, und nicht, wie mich andere gerne gehabt hätten. Und ich hatte großartige Lehrer an meiner Seite.

Die Tiere, die mir zeigten, was es heißt, bedingungslos zu lieben, oder die Kinder, die mich lehrten, wie man reine Freude zeigt und aus ganzem Herzen lachen kann. Das Vertrauen und die Weisheit, die aus den Augen der Alten strahlt. So oft haben mir die vorbeihuschenden Menschen gezeigt, dass ein versorgtes, sicheres Leben auch nicht wirklich glücklich macht. Der Reichtum, der sich zwischen zwei Buchdeckeln finden lässt, ist zu meinem inneren Schatz geworden. Die Philosophie der Worte ist von Jahr zur Jahr mehr zu meiner eigenen Lebensphilosophie geworden, denn mit der Zeit konnte ich die Wahrheiten zwischen den Sätzen entdecken, und diese Erkenntnisse formen bis heute mein Leben."

Ich bin selten sprachlos, doch Joe schaffte es innerhalb weniger Minuten, mich zum zweiten Mal in diesen Zustand zu versetzen. Schließlich, nach langer Überlegung, fragte ich ihn, ob er sich dieses Leben auch noch in zehn oder zwanzig Jahren so vorstellen könnte, wenn sein Körper älter und die Winter sicher fühlbar kälter würden. Irgendwie hatte ich es schon geahnt, er lächelte schon wieder, und seine Antwort brachte mir die alte Stille zurück. „Warum soll ich über die Kälte von morgen nachdenken, wenn die Sonne uns heute so wunderschöne wärmende Strahlen schenkt?" Ganz tief in meinem Inneren weiß ich, dass Joe so unendlich viele Weisheiten in sich trägt und ich diejenige bin, die dieser Unterhaltung eigentlich nicht gewachsen ist. Ich gehe ihn die Knie, streichele Synthja, und zum Abschluss richte ich noch eine letzte Frage an

Joe: „Was wäre für dich dein ganz persönliches größtes Glück auf Erden?" Er greift nach meiner Hand, denkt nach und verabschiedet sich mit den Worten von mir:

„Ein großer Philosoph, dessen Name mir leider gerade nicht einfällt, sagte: *Bäume sind Geschichten, die die Erde in den Himmel schreibt.* Ich würde mir wünschen, dass die vielen Lieder, die ich, mit dem Rücken an einen Baum lehnend, gesungen und gespielt habe, diese Geschichten musikalisch begleiten, das würde Synthjas und meinem Leben einen größeren Sinn geben."

Ich umarme Joe und versichere ihm, dass es seine Geschichte sein wird, die irgendwann in meinem Buch die Philosophie des Lebens in Töne hüllen wird, und das Leuchten in seinen Augen zeigt mir sein absolutes Vertrauen darauf.

Still gehe ich nach Hause, und auf dem Heimweg begleiten mich die Worte von Michael Jacksons Lied „You are not alone".

Du bist nicht allein,
ich bin hier bei dir.
Obwohl du weit weg bist,
bin ich hier, um dich zu begleiten.
Du bist nicht allein,
ich bin hier bei dir.

Obwohl wir weit auseinander sind,
bist du immer in meinem Herzen.
Du bist nicht allein.

Und ich weiß, wahrscheinlich werde ich Joe nie wieder in meinem Leben begegnen, aber seine Geschichte wird immer ein Teil von meinem sein, und ich bin glücklich, dass ich mein Versprechen ihm gegenüber einhalten konnte.

Planänderung

Was wir brauchen, sind ein paar verrückte Leute; seht euch an, wohin uns die normalen gebracht haben.

George Bernard Shaw

Ich saß mit Block und Kuli in unserem Sessel und meditierte, um im Anschluss aus dieser Stimmung heraus Joes Geschichte aufzuschreiben. Dann geschah das für mich bisher Spektakulärste, das mir zu diesem Zeitpunkt in diesem Leben überhaupt passieren konnte... ich bekam am ganzen Körper eine Gänsehaut, doch ich selbst spürte eine unendlich liebende innere Wärme in mir und hatte das Gefühl, unbedingt schreiben zu müssen – und ich schrieb. Als Ergebnis hielt ich später die Durchsage von Saint Germain in meinen Händen, und mein erster Gedanke war: Jetzt drehe ich komplett durch. Das vorrangige Gefühl in mir war Angst, hatte ich doch starke Bedenken, den Verstand zu verlieren.

In Gedanken lief ein Film in mir ab, in dem ich selbst die Hauptrolle spielte; die Nebenrollen waren mit all meinen Familienmitgliedern, Bekannten und Freunden besetzt, und ich versuchte, ihnen darin zu erklären, dass ich jetzt Texte schreiben könnte, die nicht wirklich von mir waren. Aber gleichzeitig war ich auch sehr stolz darauf, dass die Geistige Welt ausgerechnet mir die Chance gab, diese Texte aufzuschreiben. Mein Kopf glich dem Gewusel in einem Bienenstock, und es war unmöglich, auch nur einen klaren Gedanken zu fassen. Also entschied ich mich kurzerhand dagegen, meine Familie heute Abend gleich damit zu konfrontieren.

Und so schwieg ich zunächst, aber direkt am nächsten Tag ging es mit den Durchsagen weiter, und intuitiv war mir klar, dass ich früher oder später einen gangbaren Weg für mich finden müsste.

Die Empfindungen, die ich während der Channelings haben durfte, wurden zu meinen heiligen Momenten, denn letztlich war ich dieses Versteckspiel leid, nicht diejenige sein zu können, die ich nun mal bin. Wie beim Poker konnte ich also entweder alles gewinnen oder alles verlieren.

Was vor uns liegt und was hinter uns liegt,
sind Kleinigkeiten im Vergleich zu dem,
was in uns liegt.
Und wenn wir das, was in uns liegt,
nach außen in die Welt tragen,
geschehen Wunder.

Henry David Thoreau

Aus heutiger Sicht bin ich mir meines Sieges sehr sicher, wenn auch der ein oder andere Verlust manchmal kurz hat Zweifel in mir aufkeimen lassen, doch waren diese nie so groß, dass ich nochmals zum Ausgangspunkt zurückgegangen wäre. Ich war mir sicher, auf diesem Weg weitergehen zu müssen, und alles, was auf diese Herzens-entscheidung hin folgte, waren Geschenke, die mein Leben um ein Vielfaches bereichert haben.

Mit jeder einzelnen Meditation bin auch ich gewachsen, und als ich die Buchdeckel meines zweiten Buches „21 Stufen zur Göttlichkeit" zuklappte, spürte ich: Ich bin angekommen in mir.

Die Wildgänse

Vernunft und Logik machen nur einen kleinen Teil des
Wunders der Motivation aus.
Logische Gründe helfen uns zwar,
die Richtung festzulegen.
Doch die nötige Energie zum Handeln kommt nur
aus der Begeisterung.

Dan Millman

Ich machte mich auf den Weg zum Rainbow Spirit Festival, dem „Woodstock des Geistes". Von Workshop zu Workshop, getragen und inspiriert von der Liebe so vieler Menschen, die sich auf dem gleichen Weg befinden, ließ ich mich treiben und landete zum Abschluss dieses Tages in einem Energy-Happening von Michael Barnett. Nie zuvor hatte ich seinen Namen gehört, und umso erstaunlicher war die Wirkung seiner Energie, die mich vom ersten Augenblick an in ihren Bann zog. Die Worte, die ich für meinen eigenen Zustand nach diesen zwei Stunden suchte, reichten von perplex, fassungslos, verwirrt und überrascht, bis hin zu sprachlos. Ich konnte nicht beschreiben, was in dieser Zeit geschehen war – Menschen fingen plötzlich an zu tanzen, sie lagen sich in den Armen, oder aber sie fielen wie in Trance zu Boden, und all das in einem energetischen Raum, der, wie ich finde, der Bedeutung von Glückseligkeit wohl am Nächsten kommt. Kurzum: Auch wenn ich für meine innere Begeisterung nur schwer Worte fand, um diesen Funken weiterzutragen, habe ich keine Sekunde in der Gewissheit gezögert, dass ich von diesem Tag an wieder Schülerin sein würde, bereit, mich einzulassen auf ein neues, lehrreiches Kapitel in meinem Leben.

Veränderung heißt, den Sprung vom Bekannten
ins Unbekannte zu wagen.

(Dan Millman)

Einige Wochen später schon fuhr ich nach Denzlingen zu einem Seminar mit Michael Barnett und hörte dort zum ersten Mal den Ausdruck „Wild Goose Company". Das Erste, das mir dazu einfiel, war „die wunderbare Reise des kleinen Nils Holgersson mit den Wildgänsen".

Und im Geist kam die Erinnerung zurück an genau diese Sonntagnachmittage, in denen mich die Geschichten von Selma Lagerlöf so sehr bezauberten. Wer kennt sie nicht, die Abenteuer des zahmen Gänserichs Martin, der weisen Akka von Kebnekajse und Nils Holgersson, der während des gemeinsamen Flugs mit den Wildgänsen in die Rolle des hilfsbereiten und selbstbewussten Jungen hineinwächst? Es war dieser eine Moment, vielleicht wirklich inspiriert durch die Episoden von Nils Holgersson, in dem ich mich entschloss, mich darauf einzulassen mitzufliegen, teilzunehmen an einer Reise ins Unbekannte, aber mit der Sicherheit im Herzen, während dieses Flugs dem Schatz am Ende meines Regenbogens ein Stück nähergekommen zu sein.

Durch die Präsenz der Energie um Michael Barnett und seine Wildgänse entsteht ein Feld bedingungsloser Liebe, das Raum schafft für inneres Wachstum und die Erfahrung grenzenloser Freiheit ermöglicht. Denn genau darum geht es: Die Ketten unseres Verstandes zu sprengen und unser Herz zu öffnen, um uns vollkommen einzulassen auf den Tanz des Lebens, wo immer er uns auch hinführt. So setze ich ihn im Moment einfach fort, den Flug in der liebenden Strömung der Wildgänse, und hoffe, dass dir meine Geschichten wie ein sanfter Flügelschlag ein Lächeln in dein Herz zauberten, dich so berührten, wie mich einst „Die wunderbare Reise des kleinen Nils Holgersson mit den Wildgänsen".

*Det är ett märkvärdigt land, som vi har. Vart jag kommer,
alltid finns det något för människorna att leva av.*

**„Das ist ein merkwürdiges Land, das wir haben.
Wohin ich auch komme, überall gibt es etwas, wovon
die Menschen leben können."**

Aus: Die wunderbare Reise des kleinen Nils Holgersson mit den Wildgänsen, Kapitel I, Medelpad.

Ja, es ist wirklich manchmal merkwürdig, aber gleichzeitig auch so unendlich spannend. Und ja, wohin mich mein Weg auch führte, überall gibt es etwas, wovon die Menschen leben können. Es verbindet uns über unsere Herzen, so, wie dich und mich jetzt gerade in diesem Moment, wir alle können es fühlen. Es ist die Essenz unseres Seins, die uns am Leben hält, ich glaube, nein, ich bin mir sicher, es ist die Liebe.

OSHO schrieb in einem seiner Zitate über Wildgänse.

„Die Wildgänse haben nicht die Absicht, sich im Wasser zu spiegeln. Das Wasser hat keine Gedanken, ihr Bild zu reflektieren oder zu empfangen. Dennoch geschieht es so!"

So muss es sein, wenn wir uns bedingungslos anstatt über die Verstandes- auf der Herzensebene begegnen. Und aus dieser Verbindung schicke ich dich weiter zu unseren himmlischen Begleitern, die uns wieder und wieder mit dieser heiligen Schwingung in Verbindung bringen, diese heilige Schwingung, die man Liebe nennt.

Daivika

METATRON – Himmelslichter

Geboren im Lichterglanz der Sterne, eingehüllt im Ne-
bel himmlischer Abenteuer, die dich wachsen ließen in
den Thron deiner Seele. Der Schleier der trüben Nacht
weicht der Klarheit, denn ein kleines Licht erstrahlte und
verdrängte die aufkommende Dunkelheit der vorüberzie-
henden Wolken. Dieses kleine Erdenlicht trug einen solch
göttlichen starken Willen in sich, dass es begann, in der
allertiefsten Nacht durch seinen winzigen Schimmer die
Geschichte der irdischen Seelen neu zu schreiben. Es gab
immer wieder auf der Zeitachse eures Planeten Momente,
in denen keiner unter uns erkennen konnte, welchen Weg
ihr in eurer Entwicklung einschlagen würdet oder ob es
überhaupt eine weitere Entwicklungsphase auf und mit
Mutter Erde geben würde.

Doch immer mehr fühlten eine tiefe Demut vor der aus-
strahlenden Liebe dieses winzigen Erdenlichts, und jeden
Moment entflammte neu der Wunsch nach einer Verbindung zu diesem ergreifenden Gefühl. Mit jeder erwachten
irdischen Seele breitete sich der einst nur minimal wahr-
nehmbare „Hoffnungsschimmer" aus und wurde zu einem
aufflackernden Feuerball, dessen Ausmaß große Aufmerksamkeit in allen himmlischen Reichen auf sich zog.
So kam es, dass etliche himmlische Wesen – gleich aus
welchen Sphären – den eindringlichen Herzenswunsch in
sich spürten, bei euch zu sein, alle Wesen der Erde in der
Hoffnung und dem Glauben an dieses Licht zu stützen,

denn für uns alle ist das „Phänomen Mutter Erde" gleich einer „Wunderkerze", ging die Schwingung eures Planeten lange Zeit doch in eine ganz andere Richtung.

Allen Prüfungen zum Trotz verstärkte sich der Glaube und die Liebe an dieses himmlische Licht, und das bis in unsere Reiche hineinschimmernde irdische Lichternetz umgibt die Erde zum jetzigen Zeitpunkt wie ein liebender Schutzwall.

Wenn auch immer die Zeit für Lady Gaia noch nicht reif ist, sich in ihrem erstrahlenden Lichtermeer zu baden und auszuruhen, so sei du dir heute gewiss: Wenn in euren alten Schriften die Rede von „es werde Licht" ist, ist nichts anderes gemeint als „lass dein Licht leuchten", und du bist ein Teil des irdischen Leuchtfeuers.

So lege ich nun meine Hand auf dein Haupt, und mit vereinter göttlicher Kraft
segne ich dich mit der all-einen Liebe.

Metatron

NATHANAEL –
Sonnenzauber unserer Herzen

Liebe in ihrer reinsten Form strömt aus der himmlischen Quelle herab, direkt in die Herzen der Menschen auf der Erde. Immer mehr unter euch sind in der Lage, diese hohe Schwingung zuzulassen, sich einzufühlen in diese Liebe und sie auch in sich zu spüren. Selbstliebe ist ein weiterer unabdingbarer Schritt auf eurem Weg und sozusagen der nächste Zug hin zum Ziel, die komplette Einheit des Lichts in sich zu erfahren. Wenn keinerlei körperliche Blockaden mehr den Fluss des Lichts blockieren, kann die göttliche Kraft ungebremst ihre wahren Wunder entfalten. Dann gibt es kein Halten mehr; deine eigene Göttlichkeit umgibt alle deine Körper, und durch die aus dir heraussprühende Energie berührst du alles um dich herum, und du verteilst das Leuchten des Himmels quer über die Erde. Der Wind trägt deine Liebe weiter rund um Mutter Erde, deren Kraft sich an diesem Licht nährt und sie stärkt. So wurde aus dem von Metatron beschriebenen Feuerball ein aus reiner Liebe gesponnenes Band, das immer dichter wird und sich schützend um den Erdball legt.

Wie ein sich wechselndes Rollenspiel tragt ihr zum jetzigen Zeitpunkt allesamt die Kraft in euch, einen Teil der so großen Liebe, die euch Mutter Erde schenkt, zurückzugeben. Das Ziel des gemeinsamen Aufstiegs sollte nicht aus den Augen verloren werden: Jeder Schmetterling, jede einzelne Blume, ja, selbst der kleinste Stein, arbeitet seit Anbeginn mit an dem Plan dieses großartigen Planeten.

Ich führe dich nun an eine Arbeit heran, die es dir ermöglicht, auch die letzten Blockaden zu lösen, damit das himmlische Licht ungehindert durch dich fließen kann. Der Sonnenzauber wird über die Verbindung unserer Herzen den Fluss reiner Liebe ermöglichen.

Suche dir einen gemütlichen Platz und lege dich mit ausgebreiteten Armen auf eine Unterlage. Schenke mir dein Vertrauen und bringe deinen Körper durch bewusstes Atmen in den vollkommenen Frieden. Schließe deine Augen und lass alle aufkommenden Gedanken auf einer weißen Wolke Richtung Himmel ziehen. Sie nimmt mit jedem Ausatmen deinen gedanklichen Ballast in sich auf und trägt ihn weiter dorthin, wo himmlischer Glanz ihn auflösen wird. Jeder deiner Atemzüge lässt dich ein Stück mehr des himmlischen Friedens spüren, und du empfindest eine außerordentliche innerliche Ruhe.

Wenn der Moment gekommen ist, an dem du dich so leicht fühlst, als würdest du von einer Wolke getragen, richte deinen geistigen Blick hinauf in den Himmel. Es schaut aus, als hätte ich meine ganze Energie quer über dem kosmischen Raum verteilt; leuchtende Farben im ganzen Spektrum schöpferischer Farbenpracht. Lass dieses gött-

liche Schauspiel auf dein Drittes Auge wirken, so lange, bis sich aus einer Ecke des Firmaments ein Farbstrahl löst, der sich in deine Richtung verlängert, bis er irgendwann auf eine Stelle deines Körpers stößt und sich die Energie dieser Farbe explosionsartig in deinem ganzen Sein verteilt. Fühle sehr intensiv in diesen Farbton hinein und ziehe einen Strahl hiervon in dein Herzzentrum. Sobald das Chakra, das Rad deines Herzens, beginnt, sich mit dieser Farbe zu drehen, atme noch einmal tief ein, und dann lass diesen Farbton los, dein Herzdiamant hat das Farbspektrum vollkommen in sich aufgenommen, und dein Herzchakra wird sich langsam „ausdrehen" und seinen gewohnten Kreislauf fortsetzen. Schau wieder in den Himmel und warte ab, bis sich der nächste himmlische Farbstrahl für dich löst. Lass auch diesen wieder auf eine Stelle deines Körpers treffen, sich in dir und um dich herum verteilen und verbinde ihn abermals mit dem Zentrum deines Herzen, bis es beginnt, sich mit dieser neuen Farbe zu drehen.

Wiederhole diese Arbeit noch sechsmal, sodass du insgesamt acht der himmlischen Farben mit deinem Herzchakra verbunden hast. Nun trägst du den Sonnenzauber meines Herzens tief in dir, und die himmlische Farbenpracht kann ihre ganze Magie entfalten. Die Kraft der Farben wird den ganzheitlichen Prozess des göttlichen Lichts ermöglichen und den Fluss hierfür freihalten. Sollten dich deine Gedanken in der kommenden Zeit zu diesem Sonnenrad führen, lass es sich mit all seiner Schönheit des

himmlischen Glanzes drehen und wisse: Die neuen Far-
ben deines Sonnenrads entstammen der Mitte meines
Herzens. So ist das Samenkorn meiner tiefen Liebe für
dich der Antriebsmotor deiner dich mit den Himmelsfarben
verbindenden Herzenssonne.

Meine schützenden farbigen Flügel tragen dich, als
würdest du auf einer Wolke in das Goldene Zeitalter hinü-
berziehen.

Nathanael

LADY NADA, ROWENA, KUTHUMI, ERZENGEL MICHAEL –
Himmel auf Erden

Du unser irdischer Engel: Öffne dich und mache dich bereit, ein „Stück Himmel" in Empfang zu nehmen. Bei vergangenen Arbeiten begaben wir uns meist in die energetischen Sphären der Erde; heute und speziell für das kommende Wirken halten wir uns anfangs in unserer gewohnten Dimension, der Siebten Ebene allen Seins, auf.

Das ganze Universum beruht auf dem Prinzip der Schwingung. Je höher die Schwingung, desto höher liegt der Aufenthalt in der entsprechenden Ebene. Zwischen diesen Ebenen wiederum gibt es unzählige Stufen, jeweils angepasst an die bestimmte Resonanz. Alle Wesen wurden einst aus der gleichen Matrix geboren, der ausschließliche Unterschied liegt in der Schwingung. Ohne Weiteres kann man sich willentlich in jedwede niedriger schwingende Dimension begeben, um an bestimmten, dort erfahrbaren Gegebenheiten zu lernen und zu wachsen, doch deine eigene Grundschwingung ist in jeder deiner Zellen weiterhin aktiv. Deine sieben in und mit deinem physischen Körper verbundenen „irdischen" Energiewirbel haben sich für das „Erlebnis Erde" der dortigen Schwingung angepasst, und die Information deiner Grundschwingung verlor an Bedeutung. Was die Folge nach sich zieht, dass unendlich viele, hoch entwickelte Seelen höherer

Dimensionen zum jetzigen Zeitpunkt auf der Erde sind, denen sozusagen Schwingungsdifferenzen den geistigen Eintritt in höhere Ebenen verwehren.

Um dieses Mysterium bildhaft verständlicher werden zu lassen: Eine Seele der Sechsten Ebene entschied sich, auf einem Planeten der Vierten Dimension „zur Schule" zu gehen. Noch während dieser Erfahrung stieg das Maß ihrer geistigen Entwicklung bis hinauf in die Sphäre der Siebten Dimension. In ihrem immensen Eifer der mentalen Arbeit ließ sie die Anpassung der körperlichen Energiezentren außer Acht, was ihr den Eintritt, die energetische Durch-schreitung, des Tores der Fünften, Sechsten oder gar der Siebten Dimension verwehrt, da die körperliche Strahlung der Vierten Dimension nach außen dringt. Es fühlt sich an, als wärst du an einem wunderschönen Schloss an-gekommen und kannst auch dessen Schwingung bereits fühlen, nur leider hast du den falschen Schlüssel in der Hand. Wenn nun aber dein Geist wie auch dein physischer Körper zeitgleich die identische aktive Information nach außen strahlen, ist dies sozusagen das universelle Kode-wort, der Toröffner, und die Auswirkung der körperlichen Schwerkraft ist geistig nicht mehr zu spüren.

Damit deine körperlichen Energiewirbel in einem gleichschwingenden Maß mit deiner geistigen Entwicklung beständig aktiv arbeiten, werden wir von den Hauptplatt-formen der Fünften, Sechsten und Siebten Ebene über energiegeladene Lichtstrahlen eine Anpassung deines

Herz-, Hals- wie auch deines Stirnchakras vornehmen. Das Resultat ist vergleichbar mit einer menschlichen Pusteblume; tief in der Erde verwurzelt und doch vollkommen frei, individuell und absolut grenzenlos in der himmlischen Entfaltung.

Infolge unseres Aufenthalts in den oberen Dimensionen bitten wir nun Erzengel Michael und die um ihn wirkenden Kräfte zu dir, die dich einhüllen in einen blauen Schutzkreis, innerhalb dessen einzig und allein deine eigenen Energien den Raum einnehmen. Dieser Schutzkreis wird dich für die ganze Dauer unseres Tuns umgeben.

Rowena begibt sich nun in die Weite der Fünften Dimension, die der Liebe der kommenden Erdenära entspricht. Aus ihrer Hand lässt sie einen rosafarbenen Lichtstrahl entstehen, und wie aus dem Nichts erscheint eine wunderschöne weiße Taube, die den Strahl wie ein Lichtband in ihrem Schnabel hält und bis in deinen Schutzkreis zieht, wo er sich ganz automatisch direkt mit deinem Herzchakra verbindet. Dieser trägt alle Kenntnisse in sich, die du dir geistig bereits erarbeitet hast; all das Potenzial, das du durch deine innige Liebe erreicht und weiterentwickelt hast, wird nun fest in deinem Herzen verankert.

So weit wie das Meer breitet sich dieses liebende Bewusstsein in deinem Herzensbereich aus, und die Wellen der Liebe aktivieren die Erinnerung deiner Zellen, deren reines inneres Bewusstsein nun nach außen strahlt.

Nach einiger Zeit werden die Wellen langsam ruhiger, und die Taube küsst dich, wenn es so weit ist, zum Abschied sanft auf deine Nasenspitze. Ganz vorsichtig zieht sie das Lichtband aus deinem Herzzentrum, beginnt mit ihren Flügeln zu schlagen und tritt ihren Rückflug an. Rowena nimmt ihre Freundin lächelnd in Empfang, und mit einem liebevollen Winken zieht sie sich zurück.

Sobald sich der Rhythmus deines Herzchakras wieder normalisiert hat und du bereit bist weiterzumachen, unternimmt Kuthumi eine Reise in den Äther der Sechsten Dimension und richtet von dort aus seine Worte an dich:

„Alles, was sich in der zentralen Reichweite deines Halschakras befindet oder dort „lagert", sollte aus energetischen Bahnen herrühren, die in Verbindung über das Herz gesprochen und aktiviert wurden. Alles andere aus vergangenen Zeiten hat dort keinen Platz mehr, doch gerade die dort festsitzende Erinnerung ist es, die manchmal die Wortverbindung über den Verstand anstatt durch die liebende Verknüpfung über das Herz herstellt. Um diesen Kontakt, das wörtliche Zusammenspiel zwischen Herz- und Halszentrum, zu stärken, die Zellen innerhalb dieses Bereichs in ihrer Ausstrahlungskraft deinem geistigen Wachstum anzugleichen und auch, um Ausgedientes zu dekodieren, lasse ich aus meiner linken Hand einen leuch-

tenden hellblauen Farbstrahl entstehen, der sich durch die Stärke meiner Gedanken und dem tiefen Wunsch meines Herzens direkt mit deinem Halschakra verbindet.

Aus meiner rechten Hand lasse ich nun einen strahlend goldenen Farbstrahl wachsen, der über den gleichen Weg durch alle Dimensionen hindurch ebenfalls direkt in das Zentrum deines Halschakras trifft. Es ist gut möglich, dass du während der Durchführung einen verstärkten Schluckreiz spürst, du kannst diesem jederzeit nachgeben. Überlasse vertrauensvoll alles mir. Sobald ich meine Lichtarbeit ausgeführt habe, ziehe ich zuerst den hellblauen und im Anschluss daran unmittelbar den goldenen Lichtstrahl zurück.

Genieße dieses Gefühl! Gewiss wirst du in den kommenden Tagen feststellen, welch unbändige Kraft in der Freiheit der Worte liegt und mit welch großartiger Bedingungslosigkeit die reine göttliche Liebe durch ausdrucksvolle Herzensworte weitergegeben werden kann."

Wortlos durch einen dich streifenden Luftzug, angefüllt mit der unermesslichen Liebe von Kuthumi, verabschiedet er sich von dir, und Lady Nada richtet aus der Siebten Ebene ihre Aufmerksamkeit auf dich.

Du kannst sehen und förmlich auch schon spüren, wie sich ein kräftiger roter Lichtstrahl aus ihrem Herzen formt, der sich Stufe für Stufe weiter in deine Richtung ausdehnt und schließlich sein Ziel im Zentrum deines Herzens findet. Und auch Lady Nada richtet ihre Worte an dich:

„Aus der liebenden Verbindung der göttlichen Ebene schicke ich dir den Strahl der reinen Liebe in dein Herz. Die Energie dieses Lichts dringt bis hinauf in dein Stirnchakra und beleuchtet und berührt all dein Denken wie auch deine Sichtweise.

Über die Liebe verändern sich die Dinge, sie rücken in ein neues frisches Licht und öffnen doch gleichzeitig auch die Großherzigkeit, anderen ihr eigenes lichtvolles Wachstum zu gestatten. Die Reinheit und die Ausstrahlung der aktiven Zellen im Bereich deines Dritten Auges ermöglichen dir eine göttliche Sichtweise, öffnen dich in deinen Träumen und schenken dir gleichzeitig die Freiheit des Bewusstseins, der körperlosen Erfahrung. Doch alles zu seiner Zeit, und so, wie es deiner geistigen Entwicklung entspricht.

Vieles um dich herum wird klarer werden, und durch diese Klarheit wirst du beginnen, nach und nach die himmlischen pastellen Farbspektren auf der Erde wahrzunehmen, und du wirst dich selbst und andere in einem neuen Licht wiederentdecken, im göttlichen Licht, das auf, durch dich und mit dir strahlt, denn du bist das Licht.

Nun ziehe ich meinen Lichtstrahl zurück, Erzengel Michael löst seinen Schutzkreis um dich herum auf, und ich *segne dich mit den blühenden Rosen des Himmels, deren bunte Blütenblätter wie geweihte Regentropfen auf dich herabrieseln.*

Unser aller Segen ist mit dir!"

Lady Nada

ERZENGEL GABRIEL –
Himmlische Boten des Mondlichts

Geliebte(r) Freund(in)! Vieles durfte sich auf der Erde schon wandeln, und trotz aller Umbrüche und der damit einhergehenden Naturkatastrophen ist Mutter Erde auf ihrem Weg, und mit jeder Energieerhöhung erreichen euch weitere himmlische Helfer, die diese Phase begleiten und mit all ihrer Liebe und Kraft den Aufstieg dieses Planeten unterstützen.

Nun ist die Zeit dafür reif, auch dir sieben weitere hilfreiche Himmelsboten an die Seite zu geben, die mit ihren unterschiedlichen Kräften so auf dich einwirken können, dass du mithilfe ihrer Energie, was immer um dich herum gerade geschehen mag, in deiner Liebe und bei deinen dir gegebenen göttlichen Eigenschaften bleibst.

Wenn du innehältst und in die Qualität der Luft hineinspürst, die dich umgibt, kannst du fühlen, dass ich in meiner ganzen Größe bereits hinter dir stehe und schützend meine beiden Flügel über dich halte. Gehe mit deiner Konzentration in dein Drittes Auge und stell dir vor, wie ich durch die Kraft meiner Liebe federleicht deinen Körper hochhebe, um dich vorsichtig in meinem linken Flügel abzulegen. Wohlbehütet wie ein kleines Kind, das sanft

auf den Armen der Mutter hin- und hergeschaukelt wird, liegst du wie in einer Wiege, in der deine vollkommene Schönheit im Schein des Mondlichts hell erstrahlt. Wenn du deinen Blick zum Himmel richtest, kannst du ganz klar erkennen, wie sieben in göttlichem Licht leuchtende Tauben durch den Lichtkegel des Mondes zu uns herabfliegen. So, als würde ich ihnen mithilfe meines rechten Flügels schützend den Weg weisen.

Es sind sieben zauberhafte Himmelsboten, geboren aus dem Licht der Quelle, die allein schon durch die Schwingung ihrer Namen den Frühling auf die Erde bringen, sozusagen das baldige Erwachen des Goldenen Zeitalters bereits ankündigen.

Mit ihrem strahlenden Licht bilden sie einen heiligen Schein über uns, in dessen Zirkel sie unentwegt kreisen. Die Energie, die durch ihren gemeinsamen Flug entsteht, erreicht dein Herz und lässt dich in der vollendeten Leichtigkeit fühlen, wie es ist, wenn der Himmel mit dir lacht. Aber auch jede Einzelne deiner neuen himmlischen Freundinnen steht dir unterstützend zur Seite, der Ruf ihres Namens ist ausreichend, damit sie mit all ihrer Hingabe und ihrer göttlichen Kraft wirken werden. Fühle dich ein in die bedeutungsvolle Schwingung ihrer Namen.

Jendra   Himmelsfackel, deren Freude und Licht die Erde erhellt.

Megumi	die den Segen und die Güte der ewigen Quelle in sich trägt.
Macaria	Feder des immerwährenden Glückssterns.
Samaweda	Himmelsmelodie, komponiert aus dem Urton der Schöpfung.
Elja	Stärke, führende Hand der Götter.
Weda	Wissen, göttliche Weisheit, die dich im Schlaf erleuchtet.
Mita	Sonnenstrahl, der dein Herz erwärmt und alle Trauer mit sich nimmt.

Von nun an kannst du sie jederzeit rufen, gemeinsam oder auch allein. Sie warten voller Sehnsucht darauf, sich und ihre Liebe in den Plan der Erde einzubringen.

Mit unendlicher Freude lauschen sie beschwingt auf den ertönenden Klang ihrer Namen.

Auf ihren Schwingen werden sie dem Herzschlag von Mutter Erde folgen, um gemeinsam mit dir neue Töne auf der himmlischen Tonleiter bis hinauf zum Aufstieg von Mutter Erde erklingen zu lassen.

Mein Weg ist der deine – und so leuchtet mein Licht auf deiner Straße, und dein Licht strahlt zurück bis hinauf in die Sphären des Mondes.

Erzengel Gabriel

MARIA MAGDALENA –
Sternenstaub deiner Seele

Mein geliebtes Kind aus der Quelle allen Seins. Spüre mich, atme in meine Energie hinein, sodass meine Worte hineinreichen bis in die tiefsten Schichten deiner Seele.

Ich bin Maria Magdalena, geboren im Licht der heiligen Quelle, mit berufen, um Frieden und Liebe über die Welten zu bringen, mich einzusetzen für den Ausdruck der weiblichen Seite allen Seins, den liebenden Eigenschaften der Göttin. Aus dem auf der Erde vorherrschenden Ungleichgewicht begann in naher zurückliegender Vergangenheit alles, was in Verbindung mit den weiblichen Aspekten steht, zu rebellieren, mit der Folge eines lange Zeit andauernden Kampfes der Geschlechter. So wurde die Geschichte der Erde anhaltend geprägt von Kämpfen und Kriegen, geführt aus einer tiefen Angst der Minderwertigkeit. Fehlendes Selbstbewusstsein und eine fortwährend ansteigende Angst der männlichen Energien vor der folgenreichen Stärke der weiblichen Schöpferkraft. Und doch neigen sich auch diese Reifejahre dem Ende zu, und mit dem ersten aufblitzenden Sonnenstrahl des neuen Morgens wird dieses Bündel abgeschlossen und zugeschnürt werden können.

Damit du dich selbst ganz ausgewogen mit all deinen weiblichen und männlichen Anteilen leben kannst, ohne anhaftende Energie der Erdenchronik, reiche ich dir nun meine Hände.

Erkenne, wie ich vor dir stehe und du meine Hände ergreifst. Unzählige Helfer der himmlischen Heerscharen der ersten Ordnung sind mit mir gekommen, damit auch ihre Liebe dein Herz berührt.

Du selbst musst nun einfach geschehen lassen, schließe deine Augen und gehe mit deiner Aufmerksamkeit in dein Herz.

Wir werden nun mittels unserer vereinten Kraft den Staub der vergangenen Zeiten lösen, der sich in und um deine irdische Hülle abgesetzt hat und auf deinen Körperschichten lagert. Lass zu, wie die liebende Essenz um dich herum alles löst, damit du dich in deiner absoluten Reinheit leben kannst. Mit jedem herausgezogenen „Staubpartikel" erstrahlst du stärker in deinem eigenen Licht, und der wahre Schein, glänzend wie Sternenstaub deiner Seele, wird sichtbar. Mit diesem Leuchten und der Reinheit deines Herzens näherst du dich einen großen Schritt näher an die Bedingungslosigkeit heran, dich ganz selbstbewusst in deiner Ganzheit so zu lieben, wie du wirklich und, vor allem, was du wahrhaftig bist. Ein Geschöpf aus der liebenden Quelle allen Seins, grenzenlos geliebt und ein(e) Mitschöpfer(in) des kommenden Zeitalters.

Wir umgeben dich mit unserer Liebe, halten dich fest in den Armen, damit du selbst deine Lebenskraft dazu verwenden kannst, mit dem Glanz deiner Seele die Erde zu berühren.

Maria Magdalena
mit den himmlischen Heerscharen der ersten Ordnung

SIDDHARTHA GAUTAMA BUDDHA –
Tanz der Sterne

Wenngleich die Liebe alle Wunden zu heilen vermag, so vergeht doch manchmal Zeit, bis die Heilung ganz erfahren werden kann, im Sinn von göttlicher Ankunft, dort, wo einst Leere war. Die Essenz von Göttlichkeit und damit heilender Liebe ist ein Teil der immerwährend aufblitzenden Lichtfunken, die um dich herumtanzen, gleich den funkelnden Sternen am Firmament, von denen ein jeder Einzelne verwoben im Himmelsdach des Sternenzelts die Gesamtheit mit seinem Strahl erhellt. Du musst dir nur ihrer bewusst werden und sie willentlich in dein körperliches Sein ziehen.

Stille ist die Grundlage eines jeden Tons, und aus dieser Stille heraus entstehen Ton für Ton wunderschöne Verbindungen, die nur in ihrer Ganzheit in der Lage sind, das Wunder für dich hörbar zu machen, und deren Klang den direkten Weg in dein Herz findet. Du bist eine Komponente dieser, schon seit Urzeiten bestehenden göttlichen Komposition, der Quelle allein Seins. Alle Anteile sind bereits in dir, sie sind nicht außerhalb von dir zu suchen; nur der Weg nach innen bringt dir das (Er)Leuchten, das das komplette Lied deiner Seele für dich und die gesamte Schöpfung hörbar macht. Jedes Blatt im Wind trägt Frieden in sich,

doch der Baum der Erkenntnis verschleiert bis zu einem bestimmten Zeitpunkt die wahre Kraft des Einzelnen. Werde selbst zum Baum und erkenne das Wunder jedes individuellen Blattes, dann gehe zurück über den Stamm in die Wurzel, dorthin, wo alles Leben einst begann, und erkenne. Schrecke nicht zurück vor deiner eigenen Größe, in deiner Erkenntnis, wer du bist, nimm alle Erfahrungen und Bewusstseinserweiterungen an und komm zurück zur Wurzel. Springe und beende deinen Tanz mit den Blättern des Windes.

Dein Verstand wird aufhören, Spiele für dich zu kreieren, und die Spiegel deiner Schatten werden nach und nach verblassen, um sich dann nach einer gewissen Zeitspanne ganz aufzulösen.

Das Pendel muss nicht mehr nach links ausschlagen, um die Erfahrung von rechts auszugleichen, die goldene Mitte ist gefunden, und das Erlebnis „Dualität" darf einem neuen Schauplatz weichen, der ganzheitlich gelebten Glückseligkeit.

Um dich in dieser göttlichen Einheit zu erfahren, bitte ich dich gezielt darum, in die Natur zu gehen, um dein Bewusstsein in deinem Körper verankert zu halten. Lehne dich mit dem Rücken an einen alten Baum, er wird dir die nötige Erdung schenken, und das Rauschen seiner Blätter, die Klänge, die dir Mutter Erde in diesen Momenten schenkt, bringt deinen Geist vollständig zur Ruhe.

Atme tief ein und aus, immer wieder, bis du dich in einem Zustand von fühlbarer Körperlosigkeit befindest, frei in deinem Geist und doch sehr bewusst verbunden mit der Erde in deinem Körper. So wie die Blätter mit dem Wind tanzen, währenddessen die Wurzel tief in der Erde verankert ist.

Öffne nun noch einmal kurz bewusst deine Augen, erkenne die Schönheit dessen, was dich umgibt, um sie dann sanft wieder zu schließen.

Öffne deine Handflächen und nimm wahr, wie immer mehr hell funkelnde Lichter ganz nah um deinen Körper umherschwirren, so, als würden die Sterne des Himmels einen Walzer für dich tanzen. Immer wieder fällt einer dieser strahlenden Lichtpunkte in eine deiner Hände oder auch direkt irgendwo auf deine Haut, und wie Schneeflocken, die auf die Erde fallen, verschmelzen sie mit deinem Körper. All das sind deine Erinnerungen, deine Erfahrungen, die dich ganz werden lassen; sie tragen den Aspekt allen Lebens in sich und somit das Geschenk der Summe deines Erlebens. Sie erinnern dich an deinen Sprung ins Nichts, dorthin, wo alles ist. Sammle sie ein, die Töne deiner Erfahrungen, und schon bald wirst du sie erkennen können, sie wird hörbar für dich werden, die Komposition deiner Seele, geboren aus dem Klang der ewigen Quelle.

Irgendwann werden die tanzenden Lichter um dich herum langsam verblassen. Dann schließe bewusst deine

Hände und verweile noch einige Zeit in der dich umgebenden Stille.

Je größer die Stille, desto lauter werden die Töne deiner Seele hörbar werden. Auch wir sind ein Teil der Quelle und somit in den Lichtpartikeln dieser einen Essenz. Und so begleiten auch wir dich mit all unserer Liebe.

Du und ich sind wir und sie,
ein Ich und Es, das gab es nie.
So bringt die Erinnerung dein größtes Glück,
sie führt dich direkt zur Quelle zurück.
Du warst nie weg und bist doch da,
darin liegt die Essenz, was ich einst sah.
Am Baum der Erleuchtung, geborgen im Licht,
die Augen geöffnet für göttliche Sicht.
Glück und Frieden und Liebe für dich
von mir in dein Herz aus der Quelle des Lichts.

Siddhartha Gautama Buddha

MAITREYA –

Shanti Sagar –
Ozean des Friedens und der Stille

Geliebtes Kind aus der Quelle allen Seins. Frieden ist die Voraussetzung für Stille, und ohne Stille kann Frieden nicht spürbar werden. Beide Erfahrungen sind unabdingbar miteinander verbunden, da das eine ohne das andere nicht existentiell ist, und genauso bist du ein Teil des Ganzen und das Ganze ein Teil von dir. Mein eigens gewählter Beitrag zur Entwicklung von Mutter Erde ist es, während der stetigen Anhebung der Energiequalität die Suchenden auf ihrem Weg zu unterstützen und sie in ihrem Wachstum zu fördern. Gleichermaßen ist es ein großes Anliegen von mir, Wege aufzuzeigen, innerlichen Frieden zu spüren, sich selbst als einen Tropfen von Shanti Sagar zu erfahren. Im Gefühl des Friedens steckt die Begegnung der Ewigkeit, die Anerkenntnis des immerwährenden göttlichen Zirkels und die Aufgabe jedweder innerer und äußerer Kämpfe.

Heute reiche ich dir meine Hand, nehme dich mit auf eine bewegende Reise, damit die Sicherheit der Ewigkeit tief in deinem Herzen die Gabe des Frieden bringt. Der Ton meiner Liebe ist der Schlüssel zur Öffnung deines gesamten Bewusstseinspotenzials. Noch kannst du ihn nicht hören, doch spüre, wie sich die Energie im Bereich deines Herzzentrums verdichtet. Nun versuche, diese Energie über dein Herzzentrum tief einzuatmen, ziehe dieses Gefühl immer wieder von deinem Herzzentrum hoch und lass es sich über dein Ausatmen in deiner ganzen Aura verteilen. Da diese Energie sehr stark ist, kann es sich für dich anfühlen, als würde die Luft um dich herum vibrieren so, als ob die Schmetterlinge des Himmels mit ihren Flügeln ein Lied für dich spielen würden. Nimm einfach wahr und lass geschehen. Atme weiter, immer tiefer, und fülle dein ganzes Sein vollständig mit der Energie der göttlichen Quelle.

Du selbst bestimmst den Moment, an dem du startbereit bist für unsere gemeinsame Reise, du siehst mich vor dir stehen und ergreifst meine dir entgegengestreckte Hand. Hab Vertrauen zu mir und schließe vorerst deine Augen. Lass dich fallen in meine Arme, ich halte dich fest umschlossen, eingehüllt in die Liebe meines Seins. Lächelnd halte ich dich auf meinen Armen, und stolz trage ich dich ganz langsam, Schritt für Schritt, an das Ufer von Shanti Sagar. Dort angekommen, setze ich mich nieder und lege deinen Körper behutsam in den Sand, sodass dein Kopf liebevoll auf meinen Schenkeln ruht. Sanft streichle ich dir deine Haare aus dem Gesicht, und mit all meiner Liebe küsse ich dich auf dein Drittes Auge, damit erwachen darf, was noch tief in dir schlummert. Und so öffnest du nun deine Augen, erkennst die grenzenlose Schönheit, die dich umgibt. Die Stille des Wassers, das Zwitschern der Vögel, *lass diesen Ort ganz tief in dein Herz sinken, denn je mehr du hier ankommst, desto stiller wird alles in dir.*

Nach einiger Zeit stehe ich auf, reiche dir erneut meine Hand und bitte dich, mit mir ganz nahe an das Wasser zu laufen. Deine Fußsohlen lassen dich spüren, wie der Sand unter dir immer feuchter wird, bis deine Füße schließlich ganz mit Wasser bedeckt sind. Lass deinen Blick den Ozean entlang gleiten und spüre seinen Frieden. Ganz nebenbei kannst du sehen, wie ich meine rechte Hand anhebe, und durch diese Bewegung entstehen kleine, ganz sanfte Wellen. Sie sind ein Zeichen deiner inneren Abwehr, die kleinen Kämpfe, die dich im Moment noch davon abhalten, deinen eigenen Frieden in seiner Ganzheit zu erfahren. Es sind keine tobenden Wellen mehr, ganz kleine Wogen, die direkt an deinen Füßen am Ufer auslaufen.

Nimm sie ganz bewusst wahr, jede Einzelne, mit all ihrer Erinnerung, lächle, und dann lass los. Lass sie einfach los. Lache und lass los. Und immer wieder, mit jeder kleinen Welle, die an deinen Füßen ausläuft, lass los. Und dein Lachen wird immer lauter, du sprühst vor Glück, bis du irgendwann vor Freude vielleicht sogar weinst. Du lachst und weinst und erkennst die Glückseligkeit von Shanti Sagar, dem Ozean des Friedens und der Stille. Genieße diese Augenblicke, so lange du möchtest.

Du weißt, dass dein Mut, dein immerwährendes Fortschreiten auf der Entwicklungsleiter, dich hierhergeführt

hat. Dein heute gefundener Frieden lässt dich unglaub-
lich stolz werden, er schenkt dir unendliche Zufriedenheit
und himmlisches Glück. Dieses Gefühl von Glückseligkeit
wird dich von heute an begleiten, wann immer du dich an
Shanti Sagar erinnerst. Wisse, ich bin immer bei dir. So
öffne, wenn du möchtest, deine Augen und komme mit
deinem Bewusstsein wieder in deinem physischen Körper
an. Den Weg zurück brauchen wir nicht gemeinsam zu ge-
hen, denn Shanti Sagar ist in dir, und von heute an trägst
du diesen tiefen Frieden über die Liebe deines Herzens
weiter.

Mein Segen und meine Liebe begleiten dich dabei.

Maitreya

PALLAS ATHENE – Der Flug des Phönix

Freiheit – gleichbedeutend mit einer Loslösung von allem und bereit für den freien Fall ins Nichts. Wie einst Phoenix die Gunst des Feuers nutzte, um aus der Asche wiedergeboren zu werden und in neuem Glanz zu erstrahlen. Ein bewusstes Heraustreten, eine Trennung von allen alten Verstrickungen und Glaubenssätzen, um zu erkennen und zu fühlen, welche Großartigkeit sich hinter der gelebten Freiheit verbirgt. Keine Angst, kein Glaube kann dich in deinen Entscheidungen mehr beeinflussen, dein Selbst wird frei sein von allen Prägungen, von denen du dich leiten ließest. Der tiefe Sinn wahrer Freiheit liegt verborgen in eurem Wort Alleinsein.

ALL   Das All steht für den Kosmos, die Quelle allen Seins.

EIN   in deren göttlichem Licht du ganz alleine für dich erfahren kannst.

SEIN   welche Kraft im wahren Sein liegt.
Und mit jeder nächsten Erfahrung findest du ein Stück zurück ins Alleins.

Nicht zu verwechseln mit Einsamkeit, denn die Erfahrung eines einzelnen Samens, der nicht den Mut des Wachsens und Erwachens aufzubringen vermag, ist eine völlig andere und zieht meistens die Isolation nach sich.

Aber Alleinsein, das Glück in dir selbst zu finden, vollkommen losgelöst die Möglichkeit zu schöpfen, deine eigenen Wahrheiten zu erkennen, anfallende Entscheidungen direkt aus deinem Herzen zu treffen, damit begibst du dich auf den Flug in die innere Freiheit.

Um dich an diesen Punkt deiner inneren Freiheit zu bringen, möchte ich dich mitnehmen auf eine Reise vor deiner Zeit. Am Tag deiner Geburt trägst du alle göttlichen Weisheiten in dir, doch der Schleier des Vergessens hüllt dich ein und macht dich offen für die Prägungen, den vermeintlichen Erfahrungsschatz der anderen. Doch alles hat seine Zeit, und die Ära des Goldenen Zeitalters verlangt den Abschied dieser uralten und schon seit langen Zeiten ausgedienten Glaubenssätze. Die Fünfte Dimension ist gleich einer Neugeburt für die Erde, und bis zu diesem Aufstieg darf sich Altes und Verbrauchtes in seiner ganzen Form verabschieden. Diese neue Erlebbarkeit auf der Erde wird der kreative Ausdruck eurer Träume sein, bedingungslos ohne Angst und aus ganzem Herzen zu lernen, zu lieben und zu erfahren.

Nun, mein(e) Freund(in), schließe sanft deine Augen, komm zur Ruhe und atme immer wieder in dein Herz. So lange, bis du eine tiefe Liebe in deinem Sein spürst, sie zentriert dich und vermittelt dir das Gefühl von Sicherheit. Lege dich hin und mache es dir so bequem wie möglich; breite deine Arme aus, sodass deine Handinnenflächen

nach oben zum Himmel hin geöffnet sind. Bleibe noch einige Atemzüge bei deiner Herzatmung und spüre währenddessen, wie sich dein Körper immer stärker mit Mutter Erde verbindet; es scheint, als würdest du ganz langsam in die Tiefe fallen, erst durchdringst du die Unterlage, auf der du liegst, dann weiter alles, was dich von der Erde trennt, um schließlich mit ihrer Oberfläche zu verschmelzen. Und du sinkst noch weiter in den Kern von Mutter Erde hinein. Während dieser „Rück-Verschmelzung" kannst du alle deine Anhaftungen und Verstrickungen spüren, die du durch Dritte seit deiner Ankunft auf der Erde „aufgenommen" hast.

Alles Leid, alle Blockaden, deren Ursprung nicht in dir zu finden ist und denen du manches Mal vielleicht auch absichtlich Raum zur Entfaltung gegeben hast. Bleibe mit deiner Aufmerksamkeit in deinem Herzzentrum und sei im Vertrauen, während du immer tiefer in den Schoß von Mutter Erde einsinkst. Fühle, nimm wahr, und auch wenn die Emotionen sehr stark sind, lass sie zu, ein letztes Mal. Wenn du weinen musst – weine. Wenn du schreien musst – tu es! Gib all dem Ausdruck, und zwar so lange, bis du mit deinem Körper auf der Erde landest.

Etwas benommen und vielleicht geschwächt öffnest du deine Augen, schaust dich um und entdeckst nichts. Um dich herum, so weit du sehen kannst, nur Mutter Erde und eine unendliche Stille. Und mit dem Rücken auf der Erde, geborgen und gehalten, lässt du genau diese Stille *auf dich wirken. Lass dir ganz bewusst ausreichend Zeit, um die Heiligkeit des Alleinseins auf dich wirken zu lassen und erkenne den hierin liegenden tiefen Frieden. Öffne deine Hände und spüre die Verbindung zur kosmischen Energie. Du ganz allein, und doch verbunden mit der göttlichen Quelle. Und die vermeintliche Angst der Einsamkeit fällt von dir ab.*

Ein ganzes Stück entfernt von dir erregt ein leichtes Aufblitzen deine Aufmerksamkeit, gleich einem auflodernden Feuer. Bei deinem Versuch, aufzustehen, bemerkst du, wie ungewöhnlich schwer dir das fällt. Du schaust hinter dich und siehst lange Fäden, die von der Rückseite deines Körpers herunterhängen. Es sind alle deine schweren Anhaftungen, die nun zwar gelöst, doch noch immer mit dir verbunden sind. Erkenne, welchen Ballast du seit langer Zeit mit dir herumträgst.

Nimm all deine Kraft zusammen, zeige deinen Willen, diese Fäden endgültig loszulassen, und laufe in die Richtung der fackelnden Lichter, wo ich dich bereits erwarte. Ich weiß, es ist sehr anstrengend, doch aus der Tiefe meines Herzens weiß ich, du wirst es schaffen! Die letzten Schritte gehe ich dir entgegen, und erschöpft sinkst du nur noch in meine Arme. Ich trage dich, und du siehst, dass das auflodernde Licht von der Mitte eines Feuerreifens ausgeht, der zusammengehalten wird von Tausenden von Adlerfedern. Und während ich dich in meinen Armen halte, flüstere ich dir die Worte ins Ohr:

„Wenn du in deiner Entwicklung nicht so weit wärst, alles Alte endgültig hinter dir zu lassen, wärst du heute nicht bei mir, hier an diesem heiligen, geweihten Ort. Durch dieses Tor zu gehen ist wie eine Neugeburt, und mit jedem kommenden Tag wirst du fühlen, was ich damit meine. Das göttliche Licht wird die Fäden von deinem Körper lösen, und lautlos wie Schneeflocken werden sie auf die Erde fallen."

Du hörst von weit her ganz leise im Takt schwingende Trommelschläge, und intuitiv weißt du, dass es Zeit ist, durch das Tor zu springen. Als würden die Trommelschläge sich mit deinem Herzschlag verbinden und deinen Laufschritt angeben wollen, löst du dich lächelnd von mir. Ich drücke dich zum Abschied noch einmal fest an mich, und – du beginnst zu laufen, und du springst! Wenn du durch das Tor gesprungen bist, bist du frei, frei wie der Adler. Breite deine Schwingen aus und genieße mit jedem Atemzug deinen verbleibenden Flug auf der Erde. Versprühe mit deinem losgelösten Sein deine neu gewonnene Freiheit auf der Erde.

Wisse, die Adler tragen unsere Liebe tief in sich, und sie fliegen jeden Moment mit dir!

Pallas Athene

EL MORYA und ELYAH –
Planetengitter-Verbindung

Alles, was lebt, was Energie in sich trägt, ist Teil der göttlichen Erfahrung. Jeder einzelne kleinste Partikel ist ein Aspekt der Schöpfung in seiner Gesamtheit und hat somit Einfluss auf Alles-was-ist. Wenn du mit allem in Verbindung stehst, selbst die Resonanz des kleinsten Steins spürbar oder der Luftzug eines sich in den Lüften kreisenden Vogels für dich fühlbar ist, hast du die Grenzenlosigkeit allen Seins verinnerlicht. Kurzum: Du bist mit der Quelle vernetzt, und du bist frei. Das Blatt kann sich willentlich vom Baum lösen und mit den Vögeln im Wind treiben lassen, um dann ganz bewusst wieder über die Erde zum Ausgangspunkt zurückzukehren, um neu zu erblühen, wieder um ein Vielfaches gereift und noch schöner. Diese Grenzenlosigkeit zeigt die Verbindung in und mit Allem-was-ist. Genauso wie du auf Mutter Erde nun mit allem in Resonanz stehst, sind wir heute zu dir gekommen, um dich mitzunehmen, dein Bewusstsein um ein weiteres Mal zu erweitern, indem wir dir die Erinnerung an die Vernetzung der Planetengitter zurückbringen. Es bedarf zunächst nur der Erinnerung, um die Ankoppelung an dieses zu aktivieren, denn alles ist miteinander verbunden, eine Trennung gab es nie. Der momentane Zustand ist vergleichbar mit einer Stilllegung, einem tiefen Schlaf, aus dem du durch unsere gemeinsame Arbeit nach langer Zeit erwachen wirst. Gewollt aktiviert, werden diese „Verbindungskabel" dich wieder mit allem Wissen in Resonanz bringen, das du seit langer Zeit oft vermeintlich auf der Erde suchst, es dort jedoch nicht finden kannst, nur erahnen. Doch eben und gerade aus diesem Gefühl heraus, „irgendein Teil, irgendetwas fehlt noch" bist du weiterhin immer auf einem offenen, suchenden Pfad geblieben, um hier anzukommen, an einem weiteren Meilenstein deiner Ganzwerdung.

Für die kommende meditative Arbeit benötigst du vierzehn Kristalle/Edelsteine, die wir dich bitten möchten, zu besorgen. Die Form und Größe der Kristalle sind nicht von Bedeutung, es geht hier vorrangig um die Speicherqualität, und diese trägt ein jeder der Aufgeführten seit Anbeginn seiner Schöpfung in sich.

Über die Aktivierung der Kristalle und/oder Edelsteine wirst du direkten Zugang zu dem Lebensstrom des jeweiligen Planeten erhalten. Gleich einem Stein, den du auf diesem Planeten ins Wasser wirfst, werden die daraus erzeugten energetischen Wellen den Weg über die Verbindungskabel zu dir finden. Bis du aktiv mit deinen Steinen arbeiten kannst, lass das unten abgebildete Planetengitter auf dich wirken, berühre es immer wieder mit deiner rechten Hand, denn auch diese bewusste Berührung löst bereits verbindende Wellen aus.

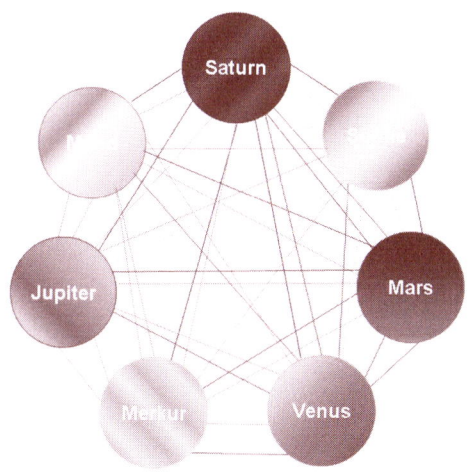

Du benötigst sieben Bergkristalle und sieben planetarische „Geburtssteine". Als Ersatz für die angegebenen Geburtssteine können ebenso die passenden „Planetensteine" verwendet werden.

Planet	Planetarischer Geburtsstein	Planetenstein
Jupiter	Gelber Saphir	Amethyst, Lapislazuli, Almandin, Chalcedon, Türkis, Heliotrop
Merkur	Smaragd	Citrin, Bernstein, Jaspis, Edeltopas, Tigerauge, gelber Achat
Venus	Diamant	Achat, Karneol, blauer Saphir, Aquamarin, blauer Zirkon, Malachit
Saturn	Blauer Saphir	Schwarzer Onyx, Gagat, schwarzer Turmalin
Mars	Koralle	Rubin, Granat, Spinell, Karfunkel, roter Jaspis
Mond	Perle	Mondstein, Opal, Jade
Sonne	Rubin	Gold, Tigerauge, Sonnenstein

Der Zugang zur Quelle, die Verschmelzung deiner Seele mit Allem-was-ist, liegt tief in deinem Herzen als Lichtpunkt verankert. Es ist die Essenz, die einst aus der göttlichen Quelle gespalten wurde, um die Möglichkeit der Erfahrung zu kreieren. Keiner dachte zu Anbeginn dieser Zeit, dem Erwachen des Kreislaufs von Mutter Erde, welch unerschöpflichen Erfahrungsschatz ein einzelner Planet bieten kann. Immer weitere Erdenabenteuer wurden in euren Gedanken gemalt, manifestiert und somit auch erlebbar gemacht. Der Kreis der Erfahrungen drehte sich munter weiter, bis zu dem Moment, an dem die Erinnerung an den Lichtpunkt der Quelle eure Gedanken und somit euer Herz wieder erreichte. Das ganze Spektrum dieser bedingungslosen göttlichen Liebe kehrt nun nach und nach in das Sein von Mutter Erde zurück und wird irgendwann ganz mit dem Lichtpunkt deines Herzens verschmelzen. Stück für Stück, so, wie es für deinen physischen Körper richtig und gesund ist, und immer nur so weit, wie dein Bewusstsein dieses Wissen verarbeiten kann und dein Herz dieses starke Gefühl von Liebe zu spüren vermag. Die vereinte Kraft, die wahrhaftig durchdrungene Liebe momentan auf der Erde zu fühlen, ist nicht möglich, denn dieses heilige Empfinden würde dich möglicherweise von deinem Seelenplan abbringen, die Erde bei ihrem Quantensprung zu unterstützen.

Um dich aber noch mehr mit der Kraft des Kosmos, mit planetarischen Anteilen aus der Quelle, in Verbindung zu bringen – dich also wieder einen Schritt näher an das heilige Wasser heranzuführen, werden wir nun gemeinsam mit dir durch die Steine die Erinnerung zurückbringen, damit die kosmischen Wellen der Liebe über die planetarischen Verbindungslinien in deinem Lichtpunkt stranden können.

Suche dir einen Ort, an dem du etwa eine Stunde ungestört bleibst und dich in aller Ruhe für eine Auszeit zurückziehen kannst. Bilde mit den sieben Planeten- beziehungsweise Geburtssteinen einen Kreis, innerhalb dessen ausreichend Platz ist, um dich bequem und mit ausgestreckten Armen hinzulegen. Die Bergkristalle ordnest du wie abgebildet an.

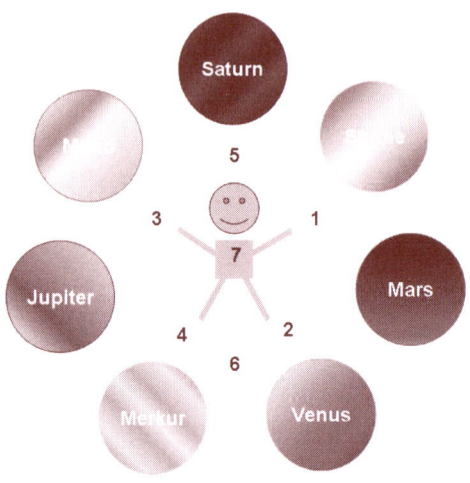

Wenn der letzte, der siebte Bergkristall, auf deinem Herzzentrum liegt, schließe die Augen und lass einfach geschehen. Wir werden für dich das energetische Dual deiner Steine in die jeweilige Lichtquelle des Planeten werfen, und die Schallwellen werden über die außenliegenden sechs Bergkristalle direkt in den siebten auf deinem Herzzentrum übertragen. So werden wir gemeinsam nach und nach das Gitternetz der Planeten für dich aktivieren. Genieße die Schwingungen, währenddessen sich die Verbindungen ganz von selbst aufbauen. Nach etwa einer Stunde wirst du spüren, wie die Energie innerhalb dieses Kreises wieder nachlässt.

Dann nimm deinen siebten Stein in die Hand und lege ihn an einen für dich besonderen Ort, er soll dich immer wieder daran erinnern, dass du heute einen großen Schritt nach Hause gegangen bist. Jeder deiner vierzehn Steine ist etwas ganz Besonderes und trägt eine Schwingung des Lebensstroms des jeweiligen Planeten in sich, mit der du intuitiv jederzeit arbeiten kannst. Der siebte Bergkristall jedoch trägt wie der Lichtpunkt in deinem Herzen die Summe all dieser Verbindungen gespeichert in sich und wird dich durch seine Schwingung in deiner „Erinnerungsarbeit" unterstützen.

Sei dir dessen bewusst, dass sich die Richtung deines Wegs geändert hat. Es geht nicht mehr vorrangig darum, vorwärtszukommen, durch Erfahrung weiterzulernen und zu wachsen. Nun betrittst du sozusagen deinen Nachhauseweg. Alle Erinnerungen finden zum richtigen Zeitpunkt den Weg zurück in dein Bewusstsein, das Herz der göttlichen Quelle wird Stück für Stück mit deinem Lichtpunkt verschmelzen, und du gehst ihr auf diesem Weg entgegen.

Und während du dich eigentlich schon auf deinem Nachhauseweg befindest, wirst du unendlich viele Seelen auf der Erde an ihr Licht erinnern, so sehr, dass du sie mittragen wirst in den Anbeginn einer neuen Erdenzeit, gemeinsam mit uns, denn wir sind stets an deiner Seite.

☆☆

Lichter glitzern im energetischen Feld,
ein einzelner Lichtpunkt schon den Erdball erhellt.
Verborgenes Wissen, der Planeten Gesetze,
strömt ein über die Schallwellen der Lichternetze.
Das Echo der Erde, vereint mit dem kosmischen Klang,
Töne der Liebe – göttlicher Satsang.
Wir alle gemeinsam singen dieses Lied für dich,
für unsere Schwester, unseren Bruder im Licht.

El Morya & Elyah

SAPHIRA –
Das goldgelbe Licht des Jupiters

Legenden, Mythen und Märchen kreisen um die Erde, doch die kosmischen Wahrheiten aus dem Herzen des Jupiters strömten erst mit Ablauf des 21. Juli 2010 aus seiner inneren Quelle hin zur Plattform der Erde. Man nennt mich Saphira, Stern des Jupiters, geboren als planetarische Lichtbringerin, um die Verbindung des goldgelben Lichts dieser beiden Planeten herzustellen. Mein Herz schlägt im Gleichklang mit deinem, denn wie ich trägst du tief in dir deinen ganz eigenen, himmlischen Auftrag.

Wie Sonne und Mond in ewiger Verbindung stehen, so dringt der kosmische Herzschlag des Jupiters bis hinein in die Tiefen, das Mark von Mutter Erde. Wie die Sonne für das männliche und der Mond für das weibliche Prinzip steht, so ist die vorherrschende Energie meiner Heimat die des Himmelsvaters. Und so lässt sich erahnen, dass Mutter Erde der weibliche Gegenpol meiner Heimat ist und wir beide wie zwei Sternengeschwister über unsere Herzen vereint sind.

Unsere Aufgaben konnten und können nicht unterschiedlicher sein, denn wir arbeiteten an den männlichen Prinzipien, während ihr die Göttin in euch und somit das weibliche Prinzip wieder erwecken durftet. Und doch ist alles eins, und gemeinsam werden unsere beiden Heimatplaneten in die Fünfte Dimension aufsteigen, allerdings mit einem Zeitversatz von einem Jahr eurer Zeitrechnung. Jupiter wird bereits Ende 2011 seinen Aufstieg erfahren, und bis dahin werden wir weiterhin unsere Erfahrungen machen, doch immer mehr im Gleichklang mit Mutter Erde.

Da der Ausgleich unseres Planeten schon jetzt in vollem Gange ist, werden die Winde, die über uns brausen, immer stärker, und orkanartig bereitet sich Jupiter auf die Energie der Fünften Dimension vor. Die Kraft dieses Windes der goldgelben Lichtströmung meiner Heimat wird Mutter Erde und dir Halt geben, während die letzten unruhigen Wellen über euren Planeten ziehen, um die letzten Vorbereitungen für den Aufstieg zu treffen.

Schließe für einen kurzen Moment deine Augen und spüre, wie aus dem Nichts eine Spirale aus goldgelbem Wind immer näher zu dir kommt, dich umkreist und umschließt mit der starken, männlichen Kraft des Jupiters. Diese Windspirale ist der Ausgleich zur energetischen Strömung von Mutter Erde. Sie wird dich halten, schützen und umgeben – auch mit der liebenden Energie deiner Sternengeschwister.

Ich bin mit dir, und in meiner tiefen Liebe werde ich dir Halt geben, dich stärken, und der so unendlich hell scheinende goldgelbe Wind des Jupiter wird mit all seiner Kraft dazu beitragen, Mutter Erde und alle unsere Geschwister sicher in das Goldene Zeitalter zu begleiten.

Saphira

ROWENA –
Das Wunder der Regenbogenkinder

Die Farben des Regenbogens, der in all seinen bunten Facetten eine Brücke zwischen Himmel und Erde darstellt, schimmern durch die Augen der Regenbogenkinder, die diese Kraft gut behütet in den Schatzkammern ihres Herzens aufbewahren. Auch ohne sich dieser Magie, die tief in ihnen liegt, bewusst zu sein, zeigen diese Kinder ein ausgeprägtes und ausgesprochen kreatives Verhältnis zur Farbenwelt. Ihre Bilder sind meist kunterbunt, und ihre Fantasie, der lebendige Umgang und das Zusammenspiel der Farbtöne lassen ihre Meisterwerke in natürlicher Schönheit aufleben und erstrahlen. Meistens sind es nicht die Formen, die wir an diesen Gemälden bewundern, es ist die Einfachheit der absolut harmonisch aufeinander abgestimmten Farbgestaltung.

Um die Regenbogenkinder mit ihrer himmlischen Begabung bewusst in Berührung zu bringen und sie in ihrer Originalität zu schulen, möchte ich euch einen Weg aufzeigen, der allen Erdenkindern, gleich welchen Alters, mühelos einen Einblick in die Kraft und das Mysterium des Regenbogens gewährt; doch speziell für die Regenbogenkinder ist dieses einfache „Spiel" die Schatzkarte zur Öffnung ihres noch tief in ihnen schlummernden Heilerpotenzials.

Um ein guter „Spielführer" zu sein, versuche dich darin und lass dich selbst darauf ein, auf die magische Reise in das Kraftzentrum des Regenbogens.

Stell dir den Regenbogen vor mit all seinen wunderschönen paradiesischen Farben und lass seinen Glanz kurze Zeit auf dich wirken. Nach einigen Augenblicken wirst du sehen, dass aus seiner Mitte ein märchenhafter Schmetterling in einer seiner Farben Gestalt annimmt und direkt zu dir herabfliegt, um wohlbehütet in deiner rechten Handinnenfläche zu landen.

Du kannst fühlen, wie allein sein Anblick dein Herz weit öffnet, und ohne es bewusst zu wollen, kommt dir ein Freund, ein Tier oder beispielsweise auch ein Ort in den Sinn. Was auch immer dir deine Gedanken für ein Ziel aufzeigen, puste nun ganz sanft mit deinem Atem – der die Liebe deines Herzens mit sich trägt – in deine rechte Hand. Der Schmetterling beginnt nun leicht mit seinen Flügeln zu schlagen, um seinen fantastischen Flug anzutreten, genau dorthin, wo du ihn mit deinen Gedanken hinführst. Schau ihm nach, wie er davonfliegt; dein liebender Blick wird ihn auf seiner Reise begleiten. Wenn er dein Geschenk der heilenden Farbkraft überbracht hat, beendet er diesen Teil der Reise und kehrt wohlbehalten wieder ins Zentrum des Regenbogens zurück. Du kannst dieses „Spiel" nun wiederholen, sooft und so lange du möchtest. Mit jedem neuen Schmetterlingsflug taucht die Erde intensiv ein in das Farbenmeer der heiligen Quelle, und mit jedem erwachtem Geschöpf, das das Potenzial der himmlischen Farbenkraft entdeckt, wird der Regenbogen zu einer manifesten Leiter, die auf direktem Weg in den Himmel führt.

Fühle dich unendlich geliebt!
Mein Segen schwingt mit in jedem einzelnen Schmetterlingsflug.

Rowena

SANANDA – Lächeln deiner Seele

Liebe und Licht begleiten dich seit Anbeginn deiner Zeit, das stetige Lächeln deiner Seele umgibt dich in jedem Moment deines Lebens. Versuche tief hineinzuspüren in dieses selige Lächeln und fühle die Leichtigkeit, die diesem innewohnt.

Du kannst vollkommen frei sein in allem, was du bist und was du tust, du musst dich nur, bildlich gesehen, der Freiheit deiner Flügel erinnern. Die Wahrheiten und das ganze Wissen all deiner Erfahrungen, sozusagen die Quintessenz deiner Göttlichkeit, sind verwahrt in der Keimzelle deiner Gesamtheit. Die schützende Schale, die um diese Zelle liegt, möchte ich gemeinsam mit dir für einen Augenblick öffnen, damit du dich in der Ganzheit deines göttlichen Seins selbst spüren kannst. Siehe dieses Geschenk des Himmels als „ekstatischen Aussichtspunkt", um dich selbst als Ganzes außerhalb deiner momentanen Erfahrung zu fühlen. Dieser Einblick, der dir in der Mitte deines Weges ein Gefühl des eigentlichen Ziels vermittelt, wird dir Sicherheit geben, damit du dich vertrauensvoll in die göttliche Liebe fallen lassen kannst, die dich allezeit umgibt.

Ein weiteres Mal wirst du unsere unermessliche Liebe ganz nah bei dir spüren, und je mehr deine eigene Göttlichkeit in dir zum Stahlen kommt, umso stärker wird sich das Lächeln deiner Seele auch in deinem jetzigen physischen

Spiegelbild abzeichnen. Deine Konturen werden weicher, und in deinem Körper dürfen sich die Anspannungen lösen, dann, wenn jede deiner Zellen die Erinnerung, die Wahrheit um die eigene Göttlichkeit „verinnerlicht" hat. Ver**innerlicht** im Sinne von innerem Licht, das dich in deiner Selbstliebe erstrahlen lässt und alles heilend berührt, was dich umgibt.

Ohne willentlich oder bewusst dein Inneres zum Ausdruck zu bringen, wahres göttliches Licht zeigt sich durch einfaches Sein; oft durch ein liebevolles, unbewusstes Lächeln deiner Seele, das sich mit jeder Schwingungserhöhung deutlicher in deinen Gesichtszügen abzeichnet.

Suche dir eine aufrechte und doch bequeme sitzende Position und beginne, tief in deinen Bauch einzuatmen. Stell dir vor, wie weißes göttliches Licht durch deinen Scheitel eintritt. Ziehe dieses Licht mit deinem Atem über dein Herzzentrum bis in den Bereich deines Nabels. Dort sammelt dich diese Energie, sie wird dichter, bis sich aus diesem Licht beginnt, eine Nabelschnur zu formen, die mit jedem deiner Atemzüge sichtbar an Länge gewinnt und immer weiter wächst, so, als würde sie von unsichtbarer Hand in den Himmel gezogen. Sie steigt weiter und bahnt sich ihren Weg durch die Wolken, hin zu einer Lichtkugel, um deren strahlendes Inneres eine kräftige goldene Schutzschicht liegt. Noch bevor deine Nabelschnur an der

Schutzwand abprallen kann, erscheine ich direkt vor dieser Lichtkugel. Auch über die vermeintliche Entfernung erreicht dich mein liebevoller Blick, für den es keiner Worte bedarf. Ich drehe mich um, und mit beiden Händen gleichzeitig öffne ich die goldene Schutzwand. Nun hast du freie Sicht auf das Innere der Lichtkugel, und du siehst niemand anderen als dich selbst. Deine Nabelschnur sucht sich den Weg und verbindet sich an der gleichen Stelle mit deinem energetischen Doppel.

Dein vollkommenes Ebenbild atmet das weiße himmlische Licht tief ein, und über die Nabelschnur sucht sich dieses den direkten Weg zu dir. Es füllt dich auf und auch aus mit dem, was du in der Ganzheit als vollständiges Wesen bist. Fühle deine Vollkommenheit und beginne, mit diesem Wissen zu lächeln. Das ist dein wahres Lächeln, geschmückt mit dem Glanz und der Perfektion deiner Seele.

Genieße dieses Gefühl, so lange du dir deiner eigenen vollständigen Heiligkeit bewusst sein möchtest, so lange du dich selbst so innig spüren magst. Wenn du dein Seelenlächeln tief in deinem Herzen verinnerlicht hast, ziehe die Nabelschnur zurück und nimm bewusst wahr, wie sich direkt hinter ihr der goldene Schutzkreis wieder schließt. Die Nabelschnur bildet sich über den gleichen Weg zurück, bis hin zu deinem Nabel, in dessen Licht sie sich vollkommen auflöst.

Alles scheint wie vor unserer heutigen Begegnung, und doch wird sich für dich alles anders anfühlen. Betrachte dich selbst im Spiegel und erkenne das darin liegende Lächeln deiner Seele.

Und wie könnte ich mich heute anders von dir verabschieden, als dir aus der Tiefe meines Herzens ein sanftes, liebevolles Lächeln zu schenken.

Sanft wie ein Kuss der Sonne
streift dich die Liebe meines Lächelns.

Sananda

BEETHOVEN – Abschluss-Serenade

Der Ausdruck göttlicher Liebe liegt in den Tönen,
die aus dem Herzen strömen.

Das Leben und die Zeit, die mir durch Maria Magdalena[1] auf der Erde geschenkt wurden, widmete ich meiner Berufung und steckte all mein Schöpfertum in die euch bekannten Werke. Die Entschlüsselung des bedeutsamsten musikalischen Phänomens jedoch verwehrte ich mir selbst durch die Kurzsicht meines Herzens. Meine Taubheit hätte mir offenbaren können, dass in der größten Stille die Grundlage eines jeden Tons liegt. So überließ ich dem Schmerz über meine Taubheit die Oberhand und verlor mich zumindest in Teilen in der vermeintlichen Geräuschlosigkeit. Und gerade vor diesem Hintergrund ist es ein so unbeschreibliches Geschenk für mich, die momentane Phase der Erde als Chance zu sehen, um für das kommende Zeitalter gemeinsam mit euch die Komposition eines neuen Zeitalters zu schreiben.

Auf all die turbulenten irdischen Epochen folgt nun eine Ära der Stille. Eine ausgesprochen glückselige Zeit, in der die alten Töne verklingen und ein neuer Klang beginnt, aus allen Ebenen des Universums auf die Erde zu treffen. Als würde die gesamte Schöpfung in einem einheitlichen Ton schwingen, und mit jedem neuen Tag stimmen sich weitere Geschöpfe ein in dieses neue, kosmische Lied.

---

1 meint: Seine Mutter Maria Magdalena Leym geb. Keverich

Bereits heute möchte ich die Stimme deines Herzens mit dem universellen Klang verbinden, dich sozusagen einreihen in den himmlischen Chor der Einheit, gewachsen über die Tonleiter der globalen Liebe. Wenn du tief in dir den Ruf nach dem Klang des kosmischen Lieds verspürst, folge mir. Ich zeige dir den Weg zu den Klangsternen, verbinde dich mit der kosmischen Note und verankere die Schwingung des einheitlichen Tons tief in deinem Herzen.

Mit jedem Atemzug findest du mehr in deine eigene Stille. Die Geräusche um dich herum verlieren an Bedeutung, und du lenkst deine Aufmerksamkeit auf den sanften Rhythmus deines Herzens. Wie leiser Trommelschlag durchströmt dich dein eigener Lebenspuls und lässt dich tief in deine Seele sinken.

Irgendwann öffnet sich vor dir ein weiß-schimmernder runder Lichtkanal. Er trägt den Namen „QuomaStar – Viadukt zu den Klangsternen". Tritt ein und nimm mit jedem deiner Schritte ganz bewusst die vollkommene Geräuschlosigkeit um dich herum wahr. Selbst deine Schritte sind so gedämpft, dass sie für dich nicht wahrnehmbar erscheinen. Als würdest du durch das Licht bis zum Ende von QuomaStar getragen, dorthin, wo die Dunkelheit des Himmels die Sterne in ihrem heiligen Lichterglanz erstrahlen lässt. Wie auf einer in Sternenlicht getauchten Landschaft lässt du dich beeindrucken von dem faszinierenden

Lichtspiel der Gestirne. Du setzt dich nieder, öffnest deine Hände, spürst deine Ankunft in diesem heiligen Raum und sinkst noch einmal und noch tiefer in deine Stille hinein.

Binnen einer kurzen Zeitspanne spürst du die Schwerelosigkeit deines Körpers und kannst erkennen, dass dieser leicht über dem Boden schwebt. Angekommen in deiner Seelenruhe, kannst du die Verbundenheit mit Allem-was-ist unendlich tief in dir spüren. Dieses Wissen und das Gefühl der Sicherheit öffnen dich nun ganz für den in dir aufkommenden Frieden und das daraus entstehende euphorische Glücksgefühl. Falls du noch nicht stehen solltest, steh auf und schwebe durch die sternenklare Ener-gie, die wie heilige Fluten immer wieder deinen Körper durchströmen.

Genau im richtigen Moment unterbricht der Leitstern Ekassandra sanft deine tiefe Stille, indem sie dir ihren Klangstrahl mitten in dein Sonnengeflecht oberhalb deines Nabels schickt. Kaum hast du ihren Ton vernommen, reihen sich auch alle anderen Klangsterne ein. Jeder schickt dir seinen heiligen Ton, und von überall aus der Weite des Himmels treffen Klangstrahlen in der Mitte deines Sonnengeflechts aufeinander und verschmelzen genau dort in ihrer Einheit, sie bilden die kosmische Note, dcrcn göttlicher Klang sich nun als gleißendes Licht den Weg in dein Herz sucht. Als wäre deine Wirbelsäule die Tonleiter, bahnt sich die Kraft der kosmischen Note den Weg in dein Herz, und die Ankunft lässt dich verschmelzen mit dem ewigen Lied der Schöpfung.

Als würdest du dich von außen beobachten können, schaust du dir selbst zu, wie dein Körper sich gleich einer ekstatischen Explosion in tausenden Lichtern auflöst. Und genau in diesem Augenblick hörst du den heiligen Ton der Klangsterne, und genau dieser Ton ist es, der dich mitsamt der Liebe aller Schöpfung blitzartig in den Lichtkanal zurückwirbelt und dich auf direktem Wege nach Hause führt. Wir alle wissen, was dieser rasche Nachhauseweg für dich bedeutet, doch ein allzu langes Verweilen in dieser kosmischen Verschmelzung würde nur eine tiefe Sehnsucht in dir entfachen. Was in deinem Herzen verankert bleibt, sind die Erinnerung und das Wissen um die Einheit. Und du, mein Stern, leuchte weiter auf der Erde, mit der Gewissheit in dir, dass in jedem deiner Worte, sogar in jedem Summen, die Vibration des universellen heiligen Tons mitschwingt. Lass die Kinder der Erde teilhaben und berühre sie mit der Schwingung der universellen Liebe. Unser Segen ist allezeit mit dir.

In tiefer Dankbarkeit,
Beethoven

Abschlussworte

Liebe ist die stärkste Macht der Welt,
und doch ist sie die demütigste,
die man sich vorstellen kann.

Mahatma Gandhi

Mit einigen meiner ausgesuchten eigenen Geschichten wollte ich euch einfach ein herzliches Lachen schenken, und der ursprünglich angedachte Titel „Ke amar seoul – und der Himmel lacht mit dir" bestärkte mich in meiner Absicht. Als ich begann, die Texte für den zweiten Teil aufzunehmen, änderte sich wieder einmal alles, und mit jeder Durchsage wurde ich stiller, ich änderte den Buchtitel, und abermals verneige ich mich in tiefer Demut vor den Geschenken, die ich empfangen durfte. In „Serenade" liegen die Bedeutungen von „sereno" (heiter) und „al sereno" (unter heiterem Himmel); vielleicht muss einfach erst eine Zeit vergehen, bis aus dieser himmlischen Stille heraus ein herzhaftes Lachen erklingen kann.

Doch das ist meine persönliche Wahrnehmung, und wer weiß, vielleicht ist deine eine ganz andere. Ich für mich glaube ganz fest, dass, egal, was uns in dieser Umbruchphase von Mutter Erde begleitet, wir enorm aneinander wachsen können und gerade in der Erkenntnis eigener Erlebnisse und Geschichten und in unserem gemeinsamen Lachen der Nährboden für großes Wachstum steckt. Und genau hieraus wurde die Idee für ein kommendes Buch geboren. Schickt mir per Mail alle eure wunderbaren Geschichten, die euch selbst und anderen das Herz öffneten und/oder über die ihr im Nachhinein aus vollem Herzen lachen könnt. Ich werde sie sammeln und versuchen, die Texte mit himmlischer Hilfe zusammenfügen, um es dann für uns alle aufzuschreiben – Das Lied der weißen Rose.

Mit all meiner Liebe von mir zu dir,
Daivika

Daivika
Wenn der Körper die Erde wärmt
Saint Germain, Sanat Kumara, Sananda …
80 Seiten, A 5, broschiert
ISBN 978-3-941363-16-8

Dem Ruf von Saint Germain folgend, öffnete sich die Autorin 21 Durchsagen mit dazugehörigen Meditationen aus der Geistigen Welt (Sanat Kumara, Mutter Maria, Sananda, Kuthumi, El Morya, Lady Nada, Miranlaya u.v.m.), die unseren physischen Körper in die energetische Schwingung bringen, die dieser bis 2012 erreicht haben sollte, um die Energie des Aufstiegs aushalten und mit der Erde aufsteigen zu können. Auf dem Weg dorthin, der in einem heiligen Augenblick in den Armen von Sananda im Fluss der Einheit endet, finden immer wieder göttliche Begegnungen statt, die uns Stück für Stück an den hieraus gewonnenen Erkenntnissen wachsen lassen.

Daivika
21 Stufen zur Göttlichkeit
Einweihung in die Strahlenkraft der Elemente
96 Seiten, A5, broschiert, vierfarbig
ISBN 978-3-941363-28-1

RA nimmt uns mit auf eine Einweihungsreise in die Kraft der acht Elemente. An der Hand von SANANDA wandern wir weiter auf einem neuen Weg, dem Einweihungspfad in das Bündnis der Weißen Bruder- und Schwesternschaft. In Begleitung von MEISTER KUTHUMI schreiten wir an das Lichttor, dem Eintritt in eine für uns völlig neue Welt.
Geleitet über die „21 Stufen zur Göttlichkeit" begegnen wir noch einmal den Lenkern der acht Elemente: EL MORYA, KONFUZIUS, SERAPIS BEY, HILARION, LADY NADA, SAINT GERMAIN, MAHA COHAN, MAITREYA, SANAT KUMARA. Sie alle bereiten uns vor auf unsere eigene göttliche Mission, denn am Ende dieses Weges werden wir selbst zu einer(m) göttlichen Botschafter(in) des Lichts und werden.

Marion Jaud
Vom Kopf zum Herzen
Wegbegleitung in das neue Bewusstsein
208Seiten, A5, broschiert
ISBN 978-3-941363-66-3

Die wichtigste Reiseroute in unserem Leben sind die wenigen Zentimeter vom Kopf zum Herzen. Nur sie führen uns an unser Ziel, den Sinn unseres Lebens. Dort erwarten uns unbeschreibliche Lebensfreude, wirkliches Glück und innerer Reichtum.
Es wird die spannendste und aufregendste Reise in unserem Leben: die zu unserem „SELBST"!
Praxisnah und für jeden Suchenden verständlich gibt uns die Geistige Welt eine Reisebeschreibung an die Hand und hilft uns dabei, die Hindernisse auf unserer Reise der Erkenntnis aus dem Weg zu räumen und die Wunden unserer Seele mit Liebe zu heilen.
Unsere Seele freut sich darauf, mit uns in diesem Neubau zu feiern. Also, machen wir uns auf den Weg... Mit vielen praktischen Übungen.

Christiane Zen
Wenn Gott liebt
Offenbarungen der Neuen Zeit
272 Seiten, A5, gebunden, mit Leseband
ISBN 978-3-941363-68-7

Wir alle wollen glücklich sein, und viele von uns lassen nichts unversucht, das Leben zu führen, das sie sich vorgestellt haben.
Um neue Wege zu gehen, ist es unerlässlich, das in die Welt zu tragen, was Gott uns allen geschenkt hat: SEINE Liebe!
WENN GOTT LIEBT baut eine Brücke, über die wir gehen können. Und während wir über diese Brücke gehen, erkennen wir, dass wir uns selbst verändern und die Welt bewegen können. Wir erkennen die fundamentale Wahrheit: Wir sind Wesen, die von Gott ermächtigt sind, ihr Glück zu erschaffen und sich selbst zu heilen.
Mit vielen Fallbeispielen aus der beruflichen Tätigkeit der Autorin als Heilpraktikerin (Psychotherapie).

Birgit Maria Niedner
Von Frau zu Frau
Metatron, Maria, Sananda, Hilarion ...
152 Seiten, Taschenbuch
ISBN 978-3-941363-53-3

Eine Frau zu sein – hier auf dieser Welt – ist manchmal nicht ganz leicht. Da du aber selbst gewählt hast, Frau zu sein, ist es das, was dich auf optimale Weise auf deinem Weg begleitet.
Unter der Schirmherrschaft von Metatron begleitet und unterstützt dich die Geistige Welt, damit du verstehst, dass es möglich ist, genau JETZT das zu leben, was göttliche Weisheit ausmacht. Du als Frau hier auf Erden. Fantastisches Hintergrundwissen für Frauen, die ihren spirituellen Weg gehen möchten und doch eingebunden sind in das Leben, in Familie und Struktur.

Sabine Skala
Heilmelodien der Delfine
Durchgegeben an und gesungen
von Sabine Skala
CD, Lauflänge ca. 70 Minuten
ISBN 978-3-941363-71-7

Aus verschiedenen Meeren, Ozeanen und Dimensionen sind die Delfine an Sabine Skala herangetreten, um uns Menschen die wundervolle Energie der Neuen Zeit, die göttliche Liebe, näherzubringen und spüren zu lassen. Die Delfine schwingen auf der Dimension der Liebe und haben den Auftrag, ihre Heilenergien als Melodien und göttliche Laute, der Seelensprache der Delfine, auf Erden zu bringen, um den Menschen bei ihrem Aufstieg in die Fünfte Dimension und höher zu helfen.
Die heilenden Töne und die Sprache der Seele lösen Blockaden auf allen Ebenen und geben uns eine besondere Hilfe und eine schützende Begleitung mit auf den Weg in eine friedvolle Welt.

Ulrike KOLLER & Raimund STIX
DIE 12 SIEGEL
Die Meisterbriefe aus Atlantis
Ca. 264 Seiten, Großformat cm, broschiert, vierfarbig
ISBN 978-3-941363-67-0

Die 12 Siegel, ein Heilwissen aus Atlantis, Lemurien und den drei Weisen aus Zion, ermöglichen dir, das Licht in dir zu erkennen und dich von deinen Schatten zu befreien.
Das Paket, bestehend aus den heilenden 12 Symbolen mit ihren dazugehörig hochschwingenden Mantren und dem übermittelten Wissen, bietet ein komplettes Programm mit praktischen Anregungen, Übungen und Meditationsvorschlägen zur Befreiung von Blockaden deiner Seele, deines Körpers und deines Geistes, damit du endlich selbstbestimmt deinen Seelenpfad beschreiten kannst.
Beginne jetzt, „dein Leben" nach deinen Wünschen, Träumen und Zielen zu lieben, zu leben und zu lachen, denn du bist der Schöpfer deines Lebens!

René Wagner
Sieg der Liebe
88 Botschaften für deinen Lichtweg
224 Seiten, A5, broschiert
ISBN 978-3-941363-64-9

Aus der Essenz von über 600 Channelings wurden insgesamt 88 Kernbotschaften für unseren Lichtweg auserwählt.
Mit ihnen werden uns Mittel und Wege gegeben, wodurch wir in der Lage sein werden, alles, auch in unserem Alltag, umsetzen zu können. Dies bedeutet, mit unserem Herzen zu denken und mit unserem Verstand zu fühlen. Das ist unsere größte Herausforderung. Eine neue Schöpfung bricht auf Erden an. Fürchte dich nicht – schöpfe mit!
Du bist herzlich eingeladen – erkenne den Sieg der Liebe in dir.